INSUFFISANCE

DE NOS LOIS CONTRE

LA

CALOMNIE

DANGEREUSES ÉQUIVOQUES

DE LA

LOI SUR LA DIFFAMATION

PAR

Gaston LAVALLEY

PARIS

L. LAROSE ET FORCEL

Libraires-Editeurs

22, RUE SOUFFLOT, 22

1889

LA

CALOMNIE

DU MÊME AUTEUR

Les Grands Cœurs. Biographies et récits, 2ᵉ édition; ouvrage couronné par l'Académie française. *Paris, Charavay*; in-8°, gr.

Les Compagnies du Papeguay. Etude historique sur les Sociétés de Tir avant la Révolution. *Paris, Dentu;* in-18.

Les Poésies françaises de Daniel Huet, Évêque d'Avranches, d'après des documents inédits. *Paris, Dentu;* in-12.

Les Compagnons du Vau-de-Vire. *Paris, Dentu;* in-18.

Caen, son Histoire et ses Monuments. *Caen, Valin;* in-18.

Caen démoli. Recueil de Notices sur des Monuments détruits, avec reproduction de dessins inédits. *Caen, Le Blanc-Hardel;* gr. in-8°.

Arromanches et ses Environs. 2ᵉ édition. *Caen, Le Blanc-Hardel;* in-18.

INSUFFISANCE

DE NOS LOIS CONTRE

LA

CALOMNIE

DANGEREUSES ÉQUIVOQUES

DE LA

LOI SUR LA DIFFAMATION

PAR

Gaston LAVALLEY

PARIS

L. LAROSE ET FORCEL

Libraires-Editeurs

22, RUE SOUFFLOT, 22

1889

PREMIERE PARTIE

Insuffisance et danger de la loi sur la
diffamation.

Nécessité d'introduire dans nos codes une
action en calomnie.

CHAPITRE Ier

L'interdiction de la preuve, en matière de diffamation,
est un brevet d'impunité pour les calomniateurs.

Le 9 brumaire, an V, le Directoire communiqua
au Conseil des Cinq-Cents un message dans lequel
il se plaignait amèrement des violences du journalisme. Après une discussion passionnée, le Conseil
arrêta la formation d'une commission spéciale, dont
Pastoret fut nommé rapporteur. Dans son rapport
du 24 brumaire, l'écrivain royaliste essaya de
démontrer que la calomnie se dérobe à l'action des
lois et qu'il vaut mieux, pour un pouvoir sage, la
mépriser que de porter atteinte à la liberté de la
presse. « La vigilance, s'écriait-il, est dans un pays
libre le devoir universel des amis de la patrie ; son
exagération même est préférable à la stupide indo-
lence des esclaves. » Belle parole ! si elle eût été
sincère ; mais la loyauté n'existait, ni du côté de
l'opposition qui cherchait l'occasion de renverser le
gouvernement, ni du côté du pouvoir qui demandait

un prétexte pour écraser le parti royaliste. Entre autres dispositions, le projet du gouvernement portait, en effet, que les fonctionnaires pourraient poursuivre celui qui leur aurait reproché *l'inexactitude des devoirs domestiques,* ou l'auteur *d'imputations faites indirectement ou dans un style détourné.* Avec de pareils textes, on n'aurait pas été jugé, mais exécuté.

Ce déni de responsabilité, dont le gouvernement voulait faire un privilège pour les fonctionnaires, semble si étrange dans un pays où l'on se pique d'être délicat sur le point d'honneur, qu'on serait tenté d'en rejeter tout l'odieux sur les brutales nécessités d'un état révolutionnaire. Mais le même scandale s'est reproduit hélas ! à une époque plus calme, le 22 mars 1819.

Ce jour là, M. de Serre, garde des sceaux, présentait à la Chambre des députés trois projets de loi sur la presse. La Restauration, qui était encore dans la lune de miel du pouvoir, faisait les yeux doux aux idées libérales. Par l'organe de son illustre orateur elle laissa tomber, du haut de la tribune, sur les journalistes stupéfaits, des promesses de mariage entre la liberté d'écrire et l'art de gouverner, ces deux antithèses qui avaient paru jusque-là condamnées à un éternel divorce. Dans cette séance mémorable, M. de Serre s'éleva à une grande hauteur de parole et donna peut-être pour la première fois, au monde politique, le spectacle d'un ministre qui défend le progrès contre la mauvaise volonté de l'opposition. « La vie privée des fonctionnaires n'appartient qu'à eux-mêmes, dit-il ; leur vie publique appartient à tous. C'est le droit, c'est souvent le devoir de chacun de leurs concitoyens de leur reprocher publiquement leurs torts ou leurs fautes publiques. »

Malgré cette fière déclaration, les gens en place et les amis de la routine protestèrent avec énergie contre les conclusions du ministre. Un de leurs orateurs, M. Lizot, dit à la tribune : « J'avoue que je pense qu'il est bien moins utile de protéger les écrivains, qu'il ne l'est de ne pas enlever aux fonctionnaires publics la considération dont ils ont besoin, pour faire respecter et exécuter les actes du gouvernement. » Une *considération* qui redoute la preuve, une considération qui ne peut vivre qu'en bâillonnant légalement la vérité ! Qui s'en contenterait ? Il y eut cependant, au sein d'une Chambre française, des partisans du silence assez naïfs, ou assez effrontés, pour soutenir que, si l'on admettait la preuve contre les fonctionnaires publics, on ne trouverait plus de fonctionnaires. Une disette de fonctionnaires en France ! Une cause si ridiculement défendue devait périr sous les sifflets. Benjamin Constant, avec un mot spirituel, lui donna le coup de grâce. « C'est au nom de l'honneur des fonctionnaires, s'écria-t-il, qu'on veut qu'il ne puisse jamais être prouvé que le mal qu'on a dit d'eux était faux. »

Le projet du gouvernement fut donc adopté. Les lois du 17 et du 26 mai 1819 permirent de prouver

la vérité des faits diffamatoires contre les dépositaires ou agents de l'autorité, dans le cas d'imputations de faits relatifs à leurs fonctions. Après
beaucoup de naufrages, ces grands principes sont
enfin revenus à la surface du monde politique.
Aujourd'hui, grâce au ciel, tout fonctionnaire, quand
on l'accuse, a le droit de sommer son accusateur de
prouver la vérité de ce qu'il a avancé.

C'est ce droit, le droit d'exiger la preuve, le droit
d'opposer la lumière d'une vie pure aux complots
ténébreux de la calomnie, le droit de se justifier, de
se défendre, qu'on ne refuse pas aux plus grands
criminels, c'est ce droit, repoussé comme une injure
par les fonctionnaires de 1819, que nous allons
réclamer, comme un bienfait, au nom des particuliers.

Nous entendons déjà le cri d'alarme jeté par les
esprits timides ou par les consciences véreuses :
« On ne doit pas toucher à la vie privée! » Plaisante
défense! Est-ce qu'on fait autre chose, dans les
moments de loisir, de la loge du concierge à la
mansarde de l'ouvrier, de l'arrière-boutique au
salon? Pour une conversation intelligente, élevée,
comptez ce qu'il y en a de misérables, où l'on n'a
pour but que de trouver ou prêter des défauts à son
voisin comme si l'on n'avait d'autre pensée que de se
dresser un piédestal sur les ruines de la réputation
d'autrui! Plus une civilisation est avancée, plus la
médisance devient féroce. Nous avons matériellement
une vie beaucoup plus paisible qu'au Moyen-Age ;

cependant les mauvaises natures trouvent encore le moyen d'exercer sans danger leur méchanceté ; si l'on tue moins dans les carrefours à coups de poignard, à domicile on assassine impunément à coups de langue. On répondra peut-être, avec Pierre Du Moulin, que « c'est une espèce d'infamie que d'estre loüé par des méchants » ; mais il ne suit pas de là que les outrages d'un coquin doivent être méprisés ; car, si un tel drôle ne peut servir à la réputation d'un honnête homme, grâce à la complicité de la malignité publique, il peut cruellement lui nuire.

Comment poursuivre la calomnie ? dira-t-on encore ; « il est peu de délits dont les nuances soient plus divisées et plus nombreuses... qui se dérobent davantage à l'action des lois (1). » Cet aveu d'impuissance est bizarre. Que penseriez-vous de vos gendarmes, si, découragés par les obstacles, ils se contentaient d'arrêter les malfaiteurs qui ne leur opposent aucune résistance ? Nous ne nions pas les difficultés ; nous vous demandons de les vaincre.

Il est des crimes, ajoute-t-on, qui ne relèvent que du tribunal de la conscience, et la calomnie est du nombre. Hélas ! pour beaucoup de gens les limites de la conscience sont comme les limites de l'octroi, dont les fraudeurs ne tiennent compte qu'autant qu'elles sont gardées par le Code pénal. A leurs yeux, ce qui n'est pas puni est permis. La sévérité

(1) Rapport de Pastoret, lu au Conseil des Cinq-Cents le 24 brumaire an V.

des peines qui frappent le vol commis dans les champs n'aurait plus de raison d'être si les moissons, par leur nature, n'étaient pas confiées à la bonne foi publique. Eh bien, est-ce que notre réputation n'est pas, comme les produits de la terre, à la merci du premier venu? Si vous ne la mettez pas sous la protection d'une pénalité rigoureuse, qui la garantira des entreprises criminelles? Ne comptez ni sur la philosophie, ni sur la religion pour intimider les méchants. Dans tous les temps, dans tous les pays, il s'est élevé de toutes les littératures un cri d'indignation contre la calomnie. Depuis les *Proverbes* (1) de Salomon jusqu'aux *Péchés de la langue* de Mgr Landriot, en passant par Ménandre, Tacite, saint Augustin, saint Bernard, saint François de Salles, Etienne Dolet, Pascal, Montesquieu, Beaumarchais, il n'est pas d'orateur, il n'est pas d'écrivain, obscur ou célèbre, qui n'ait lancé son épigramme ou fulminé son anathème contre les calomniateurs; y en a-t-il eu une calomnie de moins?

Les moralistes n'ont jamais converti personne. Cela ne veut pas dire qu'ils doivent se résigner au silence; leur œuvre est utile en ce sens qu'elle éclaire la marche du législateur. C'est à ce dernier

---

(1) « Quand il n'y aura plus de bois, le feu s'éteindra; et quand il n'y aura plus de semeurs de rapports, les querelles s'apaiseront.

« Les paroles du semeur de rapports paraissent simples, mais elles percent jusqu'au fond des entrailles. »

Salomon, *Proverbes*, ch. XXVI, 20 et 22.

de suivre religieusement leurs traces et d'emprunter au rayonnement de leur pensée ce qu'il lui faut de lumières pour conduire le groupe humain, dont il a la direction ; c'est à lui de faire de bonnes mœurs avec de bonnes lois ; à lui enfin de juger la question d'opportunité et le point de savoir si le temps est venu d'appliquer les théories du livre.

Trop longtemps le législateur a fermé l'oreille aux cris d'alarme des sentinelles avancées du droit, qui lui signalaient l'insuffisance des moyens de répression destinés à protéger la réputation des citoyens. C'est en vain que Berryer s'écriait dans l'affaire Lachalotais : « Que vos lois seront vaines si vous livrez à l'abandon des biens plus précieux que ceux de la fortune, si vous rompez ces liens sacrés, cette solidarité d'honneur qui unit les générations entre elles ! » Sa voix éloquente n'a pas été écoutée. Comme par le passé, les calomniateurs ont joui d'une impunité presque absolue. On s'est contenté de les envoyer au sermon, comme si les pénalités d'outre-tombe avaient jamais arrêté leur méchanceté ! Compter sur des phrases pour moraliser les masses, c'était oublier un peu trop que le vulgaire, pour l'intelligence, est au niveau de l'enfant. On ne fait pas de théories au gamin qui jette de la boue aux passants, on lui donne le fouet ; on ne fait pas de beaux discours sur l'amour du prochain à celui qui prend plaisir à outrager, on le condamne à l'amende ou à la prison. En répétant assez de fois cette leçon, on apprendra peu à peu aux esprits grossiers, ou pervers, qu'il n'est pas plus permis de dérober à un honnête homme le respect, auquel il a droit, que de lui prendre son porte-monnaie dans sa poche.

Plus tard, nous l'espérons, cette éducation se fera par des moyens plus doux ; mais il faut d'abord se tirer de l'ornière. Dans certains pays, à Sparte par exemple, le vol était toléré ; quand on voulut le réprimer, ce ne fut qu'après un long apprentissage d'une pénalité sévère qu'on enseigna à beaucoup de gens qu'il n'est pas juste de s'emparer frauduleusement de la propriété de son voisin. Par rapport à la calomnie, nous avons encore les mœurs de Sparte. La loi l'atteint si peu qu'elle parait permise.

On me reproche de ne pas défendre l'honneur des citoyens, répondra le législateur français ; et la loi des 17 et 26 mai 1819, et la loi du 25 mai 1822, que font elles ? Est-ce que nos recueils de jurisprudence ne sont pas remplis de procès en diffamation, et nos prisons de diffamateurs ?

D'accord : nous acceptons volontiers la loi sur la diffamation telle qu'elle est, si l'on consent à lui annexer une compagne qui introduise dans nos codes une action en calomnie. Seule, nous l'attaquerons comme insuffisante et injuste ; complétée, nous l'approuverons comme utile et respectable.

Personne, en effet, n'osera nier que la loi sur la

diffamation (1), destinée surtout à protéger ceux qui veulent se relever après la chute, en appelle une seconde, destinée à défendre les intérêts plus sacrés de ceux qui ne sont pas tombés. Dans une cause célèbre (2), M. le conseiller Plougoulm faisait en ces termes l'éloge de la loi de 1819 : « Cette loi est par excellence une loi de paix, de bon ordre, nous dirions presque une loi de *charité*. » Nous sommes très partisan de la charité, à condition cependant qu'on n'en ait pas plus pour les gens tarés que pour les hommes sans tache. Que la loi ne dise pas : « Il y aura plus de joie dans la société pour un pécheur repenti que pour dix justes qui persévèrent ; » car elle cesserait d'être une loi positive, pour devenir une loi de propagande religieuse. La morale humaine, penchée vers les humbles nécessités de la terre, ne saurait s'élever jusqu'à la hauteur de ces conceptions qui n'envisagent que les intérêts du ciel. Elle se contente de préférer celui qui n'a jamais failli à celui qui a succombé ; et si l'un peut

(1) Le Code pénal de 1810 avait forcé et dénaturé le sens du mot *calomnie* en déclarant *imposture* toute imputation de faits qui ne serait pas justifiée par l'exhibition d'un jugement en forme authentique. Le mot *diffamation*, introduit par la loi de 1819, peut signifier une *calomnie* dans le sens vulgaire du mot, comme il ne peut aussi désigner qu'une médisance ; car la diffamation n'implique pas nécessairement la fausseté des faits. Elle laisse, dans tous les cas, planer un doute préjudiciable à l'honnête homme.

(2) Rapport de M. le conseiller Plougoulm dans l'affaire Dupanloup. *Sirey : 1-622.*

trouver grâce aux yeux du législateur, l'autre a le droit d'exiger sa protection.

Nous reconnaissons volontiers que la loi sur la diffamation a cela de bon qu'elle ne permet pas de reprocher *méchamment* à un homme ses fautes ou ses crimes passés. Grâce à elle, le malfaiteur rentré dans la société après l'expiation est libre de se refaire une conscience, de se reconstituer une réputation. Rien de mieux. Allant sans doute au plus pressé, le législateur a cru devoir s'occuper d'abord du coupable qui cherche à se réhabiliter. Nous demandons aujourd'hui qu'il fasse enfin la part de l'honnête homme troublé dans sa vie par l'impunité dont jouissent les calomniateurs ; nous demandons que cet honnête homme ne soit pas condamné par le tribunal de l'opinion publique sans être entendu, qu'il ne boive pas pour ainsi dire la honte sans avoir commis la faute. Qu'on n'invoque plus la loi sur la diffamation ! Cette loi, utile au malfaiteur repentant, ne couvre pas l'homme de bien pour deux raisons : d'abord parce qu'elle interdit la preuve ; ensuite parce qu'elle s'entoure d'une infinité de précautions, nécessaires quand il ne faut que protéger une réputation avariée, mais ridiculement minutieuses quand il s'agit d'abriter une vie honorable contre les atteintes de la calomnie.

On sait que la loi du 26 mai 1819 ne permet de prouver la vérité des faits que dans le cas d'imputation, contre les dépositaires ou agents de l'autorité, de faits relatifs à leurs fonctions. Contre un parti-

culier la preuve n'est jamais autorisée. De là une
déplorable discordance entre le fait et le droit ; car
la diffamation peut être ou une calomnie, dans le
sens vulgaire du mot, ou une vérité dite méchamment, avec intention de nuire, mais cependant une
vérité. En présence d'une telle confusion quel sera
le rôle de l'opinion publique ? Devra-t-elle suspendre
son jugement après celui du tribunal ? Ce serait
trop exiger d'elle. M. de Serre avait nettement aperçu
et loyalement indiqué ce danger au Corps législatif.
« Nul sans son consentement, avait-il dit (1), ne
doit être engagé dans des débats où la justice même
et le triomphe ne sont pas toujours exempts d'inconvénients ; et si le maintien de la paix publique
semble demander qu'aucun délit ne reste impuni,
cette même paix gagne aussi à ce qu'on laisse se
guérir d'elles-mêmes *des blessures qui s'enveniment
dès qu'on les touche.* »

De l'aveu même du garde des sceaux, l'honnête
homme blessé devra donc se résigner à souffrir en
silence. Nous croyons cependant que le remède est
à côté du mal, et que les blessures ne s'enveniment
que lorsqu'on n'a pas le courage de les traiter énergiquement. Disons le mot : on a peur de la vérité !
Pour soigner les maladies honteuses d'un coquin par
un traitement secret : la diffamation, on ne permet
pas à l'honnête homme de panser publiquement, au

(1) Présentation de trois projets de loi par M. de Serre
le 22 mars 1819.

grand jour d'une action en calomnie, des blessures honorables. Et là où il faudrait le fer du chirurgien, on se sert, dans tous les cas, d'une panacée qui ne guérit personne. Cette défaillance de la loi ne pouvait échapper au regard de M. de Serre. « Le système de la preuve, s'écria-t-il avec une sincérité éloquente, est, dans le vrai, le seul qui soit capable de satisfaire pleinement l'honnête homme calomnié..... » Mais, comme s'il eût craint d'en avoir trop dit, le garde des sceaux s'empressa malheureusement d'ajouter : « Avouons-le, Messieurs, ce système suppose des mœurs plus fortes, plus mâles, de véritables mœurs publiques enfin. Mais serait-il accueilli par un peuple doué d'une susceptibilité jalouse sur tout ce qui touche à l'honneur et à la considération ? »

Si ce peuple est si jaloux de son honneur, comment souffre-t-il une législation qui ne lui permet pas de le défendre ? Comment ne réclame-t-il pas une action en calomnie ? Un autre orateur, dans la séance du 17 avril 1819, se charge d'ailleurs de réfuter ce singulier argument. « Si la preuve n'est point admise, dit M. Cassaignolles, quel homme délicat pourra se résoudre à demander justice de la diffamation ? Quelle satisfaction pourrait-il attendre d'un débat où la vérité ne sera point admise à se faire jour ? Supposons-le néanmoins descendu dans l'arène, et voyons-le en présence de l'audacieux qui l'a diffamé. Je ne suis point calomniateur ! s'écriera ce dernier ; ce mensonge n'est point sorti de ma bouche ; mais celui qui me traduit devant vous est

véritablement coupable des faits que je lui ai imputés ; qu'on me permette de les prouver. Si la preuve
était admise, l'homme d'honneur sortirait radieux
de cette lutte pénible ; elle manquerait ou ne serait
pas même tentée, et voilà le seul triomphe digne de
la probité offensée. Mais, sous la loi qui commandera
le silence, ces faits hautement proclamés, affirmés
avec assurance, laisseront, vrais ou faux, une tache
ineffaçable ; l'honneur et l'infamie sortiront du
champ clos avec même désavantage. De la législation qu'on vous propose, il résultera donc inévitable-
ment que l'homme d'honneur dévorera en silence
une diffamation, dont il ne pourrait jamais obtenir
qu'une réparation équivoque. Le refus d'admettre la
preuve sera un brevet d'impunité pour la calomnie ;
elle pourra, sans crainte et sans danger, exercer ses
ravages, inonder la société, attaquer et confondre
les réputations, les niveler en quelque sorte. Qu'on
envisage maintenant sans effroi cette plaie profonde
des mœurs publiques! »

On ne saurait mieux dire. Cet extrait du rapport
de M. de Cassaignolles expose nettement le péril et
l'injustice qu'il y aurait à maintenir dans nos codes
la confusion que nous avons signalée dans la loi
de 1819. Après avoir constaté les graves inconvénients qui résultent de l'interdiction de la preuve (1),
nous allons examiner les obstacles légaux qui empê-
cheront le calomnié de confondre son calomniateur.

(1) Nous combattrons ailleurs les objections qu'on oppose
à l'établissement de la preuve.

CHAPITRE II

Avec les conditions exigées par la loi de 1819, la poursuite de la calomnie devient, la plupart du temps, impossible.

Aussi prudente que lâche, la calomnie attaque rarement sa victime en plein jour, et les traits qu'elle lance sont presque toujours anonymes. Elle n'a pas, comme les Tartares (1), le courage de signer les blessures qu'elle fait à son ennemi. Dans cette lutte ténébreuse, l'honnête homme, quelque brave qu'il soit, essaie en vain de combattre ; il ne voit jamais le bras qui le frappe. Pour découvrir son adversaire, il faudrait que la loi vînt à son secours, et la loi le laisse en quelque sorte désarmé.

(1) « Les Tartares sont obligés de mettre leur noms sur leurs flèches, afin que l'on connaisse la main dont elles partent... Si ceux qui accusent un homme le faisaient en vue du bien public, ils ne l'accuseraient pas devant le prince, qui peut être aisément prévenu, mais devant les magistrats, qui ont des règles qui ne sont formidables qu'aux calomniateurs. » Montesquieu, *l'Esprit des Lois*, livre XII, chap. 24.

Avec l'action en diffamation, où règne une sorte de confusion voulue entre les consciences pures et les âmes frelatées, on s'explique les précautions de la loi et ses exigences ; on comprend qu'elle ne permette les poursuites que dans des cas rigoureusement déterminés. Mais si elle admettait — ce que nous demandons — le choix pour le plaignant entre une instance en diffamation et une instance en calomnie, ne devrait-elle pas accorder à celui qui adopterait ce dernier système toutes les facilités désirables pour découvrir et atteindre son calomniateur? Voici donc les principales interdictions que nous voudrions voir lever en faveur d'une action en calomnie.

Parmi les conditions que la loi impose au diffamé pour exercer une poursuite, nous rencontrons, en premier lieu, un *fait déterminé*. Un exemple fera comprendre quel sens le législateur attribue à cette formule : « Attendu, dit un jugement du tribunal de la Seine du 12 décembre 1842, qu'aux termes de l'article 13 de la loi du 17 mai 1819, toute allégation ou imputation d'un fait qui porte atteinte à l'honneur et à la considération d'une personne est une diffamation ; — attendu que, s'il est établi que P... a adressé à plusieurs de ses commettants une circulaire imprimée pour faire connaître que le sieur H... ne faisait plus partie de sa maison comme voyageur, il a ajouté que *c'était pour des raisons assez graves pour ne pas les citer ;* que ces expressions ne renferment pas l'imputation d'un *fait déter-*

miné ; — qu'en outre elles ont conservé un caractère confidentiel et ne sauraient constituer le délit de diffamation ; — attendu que ces expressions sont outrageantes pour le sieur H*** ; qu'elles constituent une injure privée, spécifiée par l'article 20 de la loi précitée et punie par l'article 471 du Code Pénal ; — condamne P*** à 5 francs d'amende. » — Appel. — Arrêt : la Cour, adoptant les motifs des premiers juges, confirme (1). Ce jugement et cet arrêt sont conformes à l'esprit de la loi. Ainsi, la phrase suivante, insérée dans une circulaire *imprimée :* « Telle « personne ne fait plus partie de ma maison de « commerce pour des raisons assez graves pour ne « pas les citer » ne contient pas l'imputation d'un *fait déterminé* et ne constitue pas dès lors le délit de diffamation. Est-il possible cependant de dire plus clairement de quelqu'un : « Un tel est un voleur? » Eh bien, supposons que le fait soit faux, supposons que le négociant ait voulu perdre son commis dans l'esprit de ses commettants, plaçons-nous en un mot dans l'hypothèse d'une vengeance, ou simplement d'un acte de méchanceté. D'un côté, un honnête garçon indignement accusé, déshonoré, exposé à ne plus trouver d'emploi, sera dans l'impuissance de se justifier ; de l'autre, un négociant, riche, estimé, pour expier son criminel mensonge, n'aura été troublé dans son commerce que par la perte de 5 francs d'amende ! On saura, après cela,

(1) Du 6 mars 1844. — C. de Paris, ch. correct.

quelle libre carrière est ouverte au calomniateur par la loi de 1819. Avec les facilités qu'on lui donne, qui le supposerait assez niais pour imputer tel crime, tel délit ou telle action déshonorante ? Après s'être assuré l'impunité par le vague d'une accusation perfidement formulée, il goûtera une sorte de plaisir raffiné à voir son auditeur, trop complaisant, supposer plus qu'il n'eût osé articuler lui-même.

La *publicité*, exigée par la loi pour qu'il y ait diffamation, nous montrera d'une façon plus saisissante encore l'honnête homme exposé sans défense aux guets-apens de la calomnie. Il ne suffira pas seulement, comme sous l'empire de l'article 367 du Code pénal, que des discours aient été *tenus dans un lieu ou dans une réunion publics*, pour qu'ils offrent le caractère de la publicité légale ; il faudra encore, écrit **M.** de Grattier (1), « qu'ils aient été *prononcés de manière que les assistants ou les passants puissent les entendre.* » Pourquoi s'être arrêté en si beau chemin et n'avoir pas exigé, comme le droit romain, que l'outrage par parole fût *vociféré* (2) ? Ce n'est plus un principe de droit, mais une question d'oreille pour celui qui écoute et de poumons pour celui qui parle. Tel organe peu retentissant, pour se faire entendre au loin, devra *vociférer ;* tel autre, sonore et

______

(1) *Commentaire des lois de la presse*, to. 1, p. 117.

(2) « Ex his apparet non omne maledictum convicium esse, sed id solum quod *cum vociferatione* dictum est. » L. 15, § 11, *De inj. et fam. lib.*

bien timbré, pourra, sans *proférer* un propos diffamatoire, attirer l'attention des passants (1).

Dans le cas d'une diffamation, rien de plus juste,
rien de plus naturel que cette exigence de la loi. Au
contraire, dans l'espèce où nous nous plaçons, dans
l'hypothèse d'une calomnie, la rigueur des conditions imposées par nos codes ne rendrait-elle pas la
poursuite impossible ? On ne profère pas une calomnie, on la glisse en l'oreille adroitement, comme dit
Beaumarchais. L'immortel auteur du *Barbier de
Séville* a mille fois raison : *qui diable y résisterait ?*
Résister, c'est se défendre ; or, pour se défendre, il
faut découvrir son ennemi ; et la loi, au lieu d'aider
le calomnié dans cette recherche, sème à tout instant
sur sa route, comme nous allons le voir, de nou-
veaux obstacles.

En effet, d'après la loi de 1819, pour qu'il y ait
diffamation, le discours ne doit pas seulement avoir
été proféré ; il est nécessaire que le délit ait été
commis dans des *lieux publics* ou dans des *réunions
publiques*. Or, que faut-il entendre par ces mots :
lieux publics ? La loi garde sur ce point un silence
qui laisse le champ ouvert à toutes les interpréta-
tions de la doctrine. Après avoir distingué trois

(1) « Attendu, dit un arrêt de la Cour de cassation du
11 juin 1831, qu'il ne suffirait même pas de demander au
jury si les discours ou propos incriminés ont été proférés
dans une *auberge*, puisqu'ils pourraient n'y avoir pas été
proférés publiquement... » Sirey, tome 31, p. 234.

catégories de lieux publics, M. Chassan (1) soutient
que ces lieux demeurent tels « nonobstant l'absence
de toute tierce personne au moment du délit » ; M. de
Grattier (2) pense que, dans ce cas, la présence *d'une
seule* personne suffirait pour qu'il y eût publicité ;
M. Dalloz (3) croit que la publicité implique la présence du *public* ou la communication au public. C'est
bien le cas de dire avec Horace : *et adhuc sub judice
lis est.* La Cour de Cassation mettra-t-elle de l'ordre
dans ce chaos? Hélas ! elle n'est pas mieux fixée
que la doctrine ; et un Bossuet du Palais ne serait
pas de trop pour écrire, sur ce point, l'histoire de ses
variations. En un tel état de choses, nous ne pouvons cependant demander le sens de la loi de 1819
qu'à la jurisprudence. Ecoutons sa réponse.

Il a été jugé :

1º Que l'offense commise dans la boutique d'un
maréchal-ferrant, en présence de ce maréchal, de
son fils et d'un étranger, ne peut être considérée
comme *publique* (15 mars 1832. — C. C., ch. crim.) ;
2º qu'une chambre d'auberge, attenant à la salle à
manger, ne peut pas être réputée lieu public, relativement à des particuliers qui en sont locataires et
aux personnes qu'ils y reçoivent, et que des discours
offensants, tenus dans cette chambre pendant un
dîner de société, n'ont pas le caractère de publicité

(1) *Délits de la presse,* t. I.
(2) *Commentaire des lois de la presse,* t. I, p. 122.
(3) *Répertoire de législation, de doctrine et de jurisprudence,* t. XXXVI, p. 524.

voulu par la loi pour caractériser un délit (24 janvier 1816 ; C. de Colmar) ; 3° que des expressions outrageantes consistant, par exemple, à imputer à un maire de tirer de ses fonctions un profit illicite, ne constituent pas un outrage public dans le sens de l'art. 6 de la loi du 25 mars 1822, bien qu'elles aient été proférées dans un champ et en présence de plusieurs personnes qui y étaient réunies, à la suite d'un débat devant un juge de paix (12 décembre 1826 ; C. de Metz) ; 4° que l'outrage, adressé au maire dans le sein du Conseil municipal, ayant été commis sans publicité, n'a pas, lors même qu'il résulterait d'une imputation de faits précis, le caractère du délit de diffamation (16 juillet 1830 ; C. de Riom) ; 5° qu'une voiture publique, allant d'une ville à une autre, n'est pas, par sa nature, un lieu public (27 août 1831 ; C. C., ch. crim.) ; 6° qu'un clos de vignes appartenant à plusieurs particuliers, même au jour où l'on fait la vendange, ne peut être considéré comme un lieu public (19 décembre 1820 ; C. de Poitiers) ; 7° que l'étude d'un notaire ne doit être considérée comme un lieu public que lorsque le public y est appelé, par exemple, en cas d'adjudication ; mais qu'il en est autrement lorsqu'il n'y a dans l'étude que le notaire, son clerc, celui qui vient entretenir le notaire et une tierce personne (22 juillet 1836 ; C. de Bourges) ; 8° qu'une réunion d'amis ou de connaissances, dans un but de plaisir, si elle se tient dans un lieu privé, ne peut être réputée publique, quelque soit le nombre des personnes qui la composent (26 janvier 1826 ; C. C.).

De ces échos de la jurisprudence il ressort que, dans un salon, dans une voiture publique, dans une boutique, dans une étude de notaire, etc., on peut imputer à quelqu'un une action déshonorante, sans être exposé à une poursuite en diffamation. Si un tel propos est l'expression de la vérité, la loi a mille fois raison de faire la sourde oreille ; car il est trop juste que l'opinion publique flétrisse des effrontés qui échappent aux peines édictées par le Code pénal. Mais, si le propos est un mensonge et que la loi ne permette pas de le prouver, qui ne voit que la réputation des honnêtes gens sera, tous les jours, à la merci du premier gredin venu qui aura une vengeance à satisfaire, ou simplement d'un méchant qui se plaira à baver son venin ? (1).

Avec les facilités que lui procure la loi de 1819,

(1) Nous trouvons dans la *Gazette des Tribunaux* du 2 mars 1886 un exemple curieux de l'impuissance de la loi. Une femme était citée devant le tribunal correctionnel sous la prévention de diffamations contenues dans une lettre. Le tribunal, tout en reconnaissant le caractère diffamatoire de la lettre, n'a pas cru, bien qu'elle ait été lue par tous les clercs d'une étude d'avoué, qu'elle avait reçu une publicité suffisante pour entraîner les peines édictées par la loi. « Vous avez commis une mauvaise action, a dit le président à la prévenue ; ne revenez jamais ici, vous y seriez punie très sévèrement. » Cette menace, échappée inconsidérément à un homme de cœur, qui n'écoutait que son indignation, montre bien que les magistrats eux-mêmes commencent à se lasser d'être désarmés, en présence de certains actes de méchanceté que ne peut atteindre la loi sur la diffamation.

quel calomniateur serait assez niais pour *proférer* ses outrages sur une place *publique ?* Les gens sans éducation tomberont quelquefois dans ce piège grossier ; mais, chez les gens bien élevés, les choses ne se passeront pas ainsi. De la loge du concierge, où médisances et calomnies sont jetées pêle-mêle comme dans une hotte de chiffonnier, suivons le laquais qui monte au premier étage, et voyons-le déposer sa provision de commérages dans la cuisine. Là, un premier triage est fait ; la domesticité choisit, retient ce qui lui plaît et abandonne les restes aux maîtres, en glissant adroitement aux enfants ce qui peut intéresser leurs parents. Et le soir, au salon, le locataire du riche appartement aura un succès ; car on a toujours de l'esprit, même sans finesse, quand on est méchant. Léger, triomphant, il portera le propos empoisonné de groupe en groupe, comme ces insectes qui vont, de plante en plante, déposer l'espoir de leur progéniture venimeuse ! Puis, de ces larves, chauffées à la chaleur du bal, sortira le lendemain tout un essaim qui s'en ira bourdonnant par la ville la nouvelle calomnie. Et vous croyez que celui qui dispose à domicile, sans coup férir, d'une telle publicité, s'exposera à crier sur les toits pour s'attirer, avec des auditeurs, un bon procès en diffamation ?

Puisque le calomniateur fait une guerre ténébreuse, souterraine, nous demandons qu'il soit permis de le combattre avec sa propre tactique et d'opposer à ses mines des contre-mines ; nous demandons qu'il soit sans sécurité, lui qui attaquait impunément, et qu'à

travers l'oreille complaisante où il verse le poison
de ses discours, il ait à tout instant la peur d'être
entendu par celle du juge ; en un mot, nous demandons que le calomnié, d'accusé qu'il était, devienne
à son tour accusateur et qu'il oblige son.ennemi à
montrer, à la lumière de l'audience, sur quelle base
mensongère il a fondé son accusation. Il arrivera
ainsi que, le plus souvent, la calomnie sera tuée
dans son germe ; elle n'osera éclore et la loi aura,
sur ce point, résolu en partie le problème qu'elle
doit poursuivre sans se décourager : prévenir plutôt
que punir (1). Que veut en effet l'honnête homme
injustement attaqué ? Se venger d'un misérable ?
Non, son âme est trop haute pour s'abaisser jusqu'au
niveau de l'insulteur ; car la haine suppose une certaine égalité, et il ne peut y en avoir entre un
homme loyal et un lâche qui ment. Ce que veut le
calomnié, c'est moins le châtiment du coupable que
l'occasion de se justifier aux yeux des ignorants
qu'on trompe et de déchirer, au grand jour de la
justice, la trame que la calomnie avait ourdie dans
l'ombre.

(1). « En terme de législation, prévenir les délits, c'est,
par des moyens indirects, et non par des mesures offensives,
ravir au méchant l'occasion de les commettre ; c'est employer
habilement l'art, si peu connu dans nos temps modernes,
d'inspirer le bien par des encouragements, de diriger les
passions vers un but utile, et de maintenir le règne des lois
par la force des mœurs. » PORTALIS : *Rapport* du 26 germinal, an V, aux Anciens.

Accorder de telles facilités pour la recherche de la calomnie, nous dira-t-on peut-être, ne serait-ce pas introduire l'espionnage dans l'intérieur des familles et museler le génie de la conversation, cette vieille gloire de la société française ? Qui osera risquer un bon mot, aiguiser une épigramme, lorsque dans l'auditeur, qui écoute en souriant, vous pourrez trouver plus tard un témoin prêt à déposer contre vous devant un tribunal ? Nous répondrons à cette objection par la distinction suivante. « Un citoyen, disait Portalis aux *Anciens*, a trois espèces de réputation à conserver : la réputation de probité, la réputation de vertu, et la réputation de talent et de mérite. Les deux premières, l'*honneur* et la *considération*, sont protégées par la disposition de l'article 13 de la loi de 1819. » Nous ne demandons rien de plus au législateur ; nous lui demandons même beaucoup moins.

En effet, la jurisprudence et la doctrine déclarent, d'un commun accord, que l'article 13 de la loi de 1819 ne permet pas de dire d'un médecin qu'il traite mal ses malades, d'un avocat qu'il plaide sottement ses procès, d'un commerçant qu'il conduit négligemment ses affaires, d'un colonel qu'il est à peine capable de commander une compagnie, d'un écrivain qu'il est privé de raison et qu'il sort d'un hospice d'aliénés. Toutes ces allégations, suivant le système de la diffamation, sont *contraires à la considération*, par suite condamnables. On sent que le législateur se propose moins ici de punir un outrage que de défendre des intérêts matériels. Moins matérialiste que lui, nous nous montrerons moins susceptibles, et nous ne réclamerons que la répression des imputations ou allégations qui portent atteinte à *l'honneur*.

Quant à la réputation de talent et de mérite, elle saura bien se défendre toute seule. Nos ridicules, nos prétentions, nos chutes, nos succès, tout appartient au jugement de l'opinion. Sur ce point même nous l'autorisons à calomnier (1). Qu'elle soit libre d'être sévère ou facile, juste ou injuste ; le temps se chargera de faire triompher le talent. Méprisé (2) aujourd'hui, il sera honoré demain. D'ailleurs, puisqu'on admet les applaudissements, n'est-il pas tout simple de souffrir les sifflets ? Ce qu'il faut exiger, c'est que l'opinion publique n'oublie pas que la liberté de ses critiques doit trouver ses bornes naturelles là où elle touche à l'honneur des citoyens ;

(1) Telle est cette plaisante calomnie qui nous a été conservée dans l'*Anthologie grecque* : « Il y a des gens, ô Nicylla, qui prétendent que tu teins tes cheveux, comme si tu ne les achetais pas au marché parfaitement noirs. »

(2) « On ne saurait toutefois se tromper sur le sens que la loi proposée attache au mot mépris ou haine des citoyens ; il ne s'agit que de cette sorte de mépris qui suit certaines manières ou accompagne certains ridicules. Le mépris que provoque la calomnie doit prendre sa source dans la dépravation de l'âme ou la corruption du cœur ; alors seulement, il appelle sur son objet un sentiment semblable à la haine des citoyens. » Rapport de M. Monseignat sur le titre 2 du livre III du Code pénal.

ce qu'il faut exiger, c'est qu'il ne lui soit plus permis de les franchir qu'à la condition d'apporter en même temps la preuve de ses imputations.

CHAPITRE III

Réponse à deux objections.

On nous opposera tout d'abord deux objections.

Croyez-vous, nous dira-t-on, que la loi de 1819 et votre nouvelle action en calomnie puissent vivre en bons voisins sous la couverture du même code ? Nous soutenons, nous, que l'une des deux étouffera l'autre, que l'action en calomnie rendra inutile l'action en diffamation, que ceci tuera cela ! Entre une action, qui permet la preuve, et une autre qui l'interdit, ne serait-ce pas s'avouer coupable que de choisir celle qui bâillonne l'accusateur ? Les malhonnêtes gens aimeront mieux courir le risque d'un procès en calomnie que de s'exposer à être condamnés, avant le jugement, par leur propre choix. Alors, s'ils succombent, comme cela doit être, celui qui les aura accusés, avec raison sans doute, mais aussi avec cet esprit de méchanceté que la loi de 1819 a voulu atteindre, ce diffamateur convaincu échappera certainement aux peines édictées par la loi sur la diffamation.

Pour combattre cette objection, donnons-lui un corps ; nous verrons mieux notre adversaire. Primus a dit hautement devant plusieurs personnes que Secundus a commis un vol ; Secundus intente à Primus une action en calomnie. De toutes les preuves apportées au procès, il ressort que le fait allégué est vrai ; il en ressort aussi cet autre fait, non moins certain, que Primus n'a exposé Secundus au mépris de ses concitoyens que dans le but condamnable de satisfaire sa haine, ou simplement son envie de faire le mal. La méchanceté de Primus aura-t-elle son châtiment ? Acquitté par l'action en calomnie, sera-t-il au moins atteint par l'action en diffamation ? L'objection dit non ; nous, nous disons oui.

On sait que le ministère public a qualité pour poursuivre d'office tous les crimes et délits, et que ce droit ne peut être modifié que par une disposition expresse de la loi. L'action publique étant de droit général, il en résulte donc que les restrictions apportées à son exercice sont de droit étroit et qu'elles ne sauraient être étendues au-delà de leurs termes. Or, quel a été le but du législateur de 1849 lorsqu'il a décidé que, dans les cas de diffamation contre les particuliers, la poursuite n'aurait lieu que sur la plainte de la partie qui se prétendrait lésée ? Il a voulu que nul, « sans son consentement, ne fût engagé dans des débats où la justice même et le triomphe ne sont pas toujours exempts d'inconvénients » ; il a voulu que nul, si ce n'est l'offensé, ne se constituât juge de l'offense. Quand la partie se tait, par une fiction légale, le délit est supposé ne pas exister ; mais si elle rompt le silence, si elle se plaint, l'action publique reprend son cours et rien ne doit désormais en arrêter la marche.

Ainsi, dans notre hypothèse, Secundus a armé le bras du ministère public d'une action en calomnie, et, parce qu'au lieu d'un calomniateur il se trouve qu'on n'a plus affaire qu'à un diffamateur, Secundus serait maître de paralyser les effets de la justice ! Oserait-il encore parler de ménagements pour sa réputation, lui qui avait choisi l'instance en calomnie, c'est-à-dire la voie la plus périlleuse pour son honneur ? Qui peut le plus peut le moins, et si le ministère public a été autorisé, sur sa plainte, à poursuivre un *calomniateur*, à plus forte raison aurait-il non-seulement le droit, mais le devoir de poursuivre le *diffamateur*. Eh quoi ! un président de Cour d'assises, quand il voit l'accusation battue sur un point, peut changer la face du débat en posant une *question subsidiaire*, et le ministère public, qui trouve un délit sur son chemin en donnant la chasse à un crime, devrait renoncer à courir sus à l'auteur du délit ? Alors, niez les conséquences de l'article 4 du Code d'instruction criminelle qui porte que « la renonciation à l'action civile ne peut arrêter ni suspendre l'exercice de l'action publique ; » niez l'intérét que le diffamé, vaincu dans l'instance en calomnie, aura toujours à voir condamner son diffamateur, ou convenez, avec nous, qu'une action en calomnie saura bien trouver sa place dans nos codes sans gêner les mouvements de l'action en diffamation.

A peine avons-nous triomphé de cette objection qu'on nous en oppose une nouvelle. Est-il donc si nécessaire d'introduire dans nos codes une action en calomnie? Vous l'avez avoué vous-même, le calomnié cherche moins à faire condamner son calomniateur qu'à se justifier. Eh bien, que l'honnête homme outragé, au lieu de s'adresser aux tribunaux correctionnels, demande une réparation civile, en vertu des grands principes consignés dans les articles 1382 et 1383 du Code Napoléon. Sans intention coupable et sans publicité, il n'y a pas de délit de diffamation ; mais il est également constant que la bonne foi et l'absence de publicité ne font pas disparaître le fait dommageable. Profitant de ce principe, plaidez, intentez une action en dommages-intérêts; les portes des tribunaux civils vous sont toutes grandes ouvertes par la jurisprudence (1).

Nous trouvons en effet dans Sirey un arrêt de la Cour de Cassation qui démontre qu'indépendam-

(1) Voir, entre autres, un arrêt de la Cour de Douai, du 10 juin 1844.

ment de la *publicité* il peut y avoir tort et *dommage*. Mais à quoi vise cet arrêt ? La Chambre haute a seulement constaté que, dans l'espèce, il y avait eu un fait dommageable. Rien de plus. Elle ne s'est point préoccupée de la question de savoir si l'homme outragé était accusé à tort ou à raison, calomnié ou simplement diffamé (1). L'action civile ne blanchit donc pas mieux que l'action criminelle.

D'ailleurs, la preuve ne serait plus admissible devant les tribunaux civils depuis la loi du 29 juillet 1881. « Les inconvénients et les périls de la preuve, dit à ce sujet M. Fabreguettes dans son *Traité des infractions de la parole*, tome II, p. 22, au point de vue du bon ordre, de la morale, de l'intérêt social, sont les mêmes devant la juridiction civile que devant le tribunal répressif. Aussi déciderons-nous, qu'avec la loi de 1881, la prohibition est absolue. Cela ressort des termes généraux du § Ier de l'article 35, et de plus de cette phrase : « La vérité du fait diffamatoire, *mais seulement quand il est relatif* aux fonctions. » Enfin, l'article 45 ne peut se justifier que si l'on admet l'interdiction complète de la preuve. »

Dans le droit anglais, l'objection qu'on oppose à notre système serait sérieuse. « Il y a en Angleterre, dit Cuvier (2), deux modes de procéder par rapport

(1) Arrêt de la Cour de Cassation du 16 février 1829.
(2) Discours à la Chambre des députés, 28 avril 1819.

à la diffamation, et en général aux délits de la presse, l'un par la voie criminelle, et l'autre par la voie civile... Dans l'action purement civile, l'écrivain inculpé est admis à la preuve, sauf la contre-preuve de la part du plaignant... Il n'est presque aucun particulier, aucun fonctionnaire qui ne préfère la voie civile à la voie criminelle, uniquement par cette raison que la voie criminelle ne le réhabiliterait pas dans l'opinion. » Chez les Anglais, il ne suffit pas que le plaignant établisse, devant le tribunal civil, qu'il a éprouvé un dommage; il faut encore qu'il démontre, contre le défendeur, qu'il a été victime d'une calomnie. « Le défendeur, dit « Blackstone, (1) peut justifier les propos qu'il a te-« nus et prouver qu'ils sont vrais, quoiqu'il s'en soit « ensuivi quelque dommage spécial..... Si, par « exemple, je suis en état de prouver que le com-« merçant, auquel j'ai affaire, est réellement un « banqueroutier, le médecin un empirique, l'avocat « un fripon, et le théologien un hérétique, je me « trouve à l'abri de leurs actions respectives. Car, « quel que soit le tort qui en résulte pour eux, si le « fait est vrai, c'est un *damnum absque injuria ;* et, « là où il n'y a pas d'injure, la loi n'accorde pas de « réparation. » Sur ce point, la prévoyance des lois anglaises va si loin qu'il n'est pas d'imputation calomnieuse, si légère qu'on la suppose, dont on ne puisse faire justice en recourant à une action en

______

(1) *Commentaires sur les lois anglaises,* liv. 3, chap. 8.

dommages et intérêts. Cela donnera lieu quelquefois à des procès plaisants (1); mais nous aurons beau ridiculiser les mœurs de nos voisins, il n'en résultera pas moins, pour le penseur, que sur ce point leur législation est bien préférable à la nôtre. Chez nous, en effet, l'honnête homme n'a pas de choix. Il devra baisser la tête également sous les fourches caudines de l'action en diffamation et de l'action en dommages et intérêts. Est-il trop tôt d'exiger de la loi qu'elle lui fournisse les moyens de la redresser ?

(1) Nous lisons dans le *National* du 12 décembre 1871 l'entrefilet suivant : « Un procès en calomnie, dont est saisi le tribunal de Queen's Bench, fournit un curieux exemple des arguments qui parfois sont invoqués devant les juges de l'Angleterre. Il s'agit, dans ce procès, de prouver, comme l'exige la législation anglaise, que le calomnié a éprouvé directement ou indirectement un préjudice pécuniaire.

La plaignante est une femme mariée qui a cherché à établir le dommage pécuniaire éprouvé par elle en déclarant que, depuis la calomnie, nulle de ses amies ne lui avait plus envoyé les invitations à dîner et à souper qu'elle recevait précédemment. L'avocat de la partie défenderesse a soutenu que le dommage résultant de ce chef ne tombait pas sur la plaignante, mais sur son mari qui, étant légalement tenu de nourrir sa femme, avait seul supporté le préjudice.

Le juge en rendant sa sentence a toutefois exprimé l'opinion que les amis dont la plaignante avait perdu l'hospitalité lui offraient, sans nul doute, à l'occasion de leurs invitations, des repas plus somptueux que ceux qu'elle trouvait à la table de son mari, et qu'il en était résulté pour elle un dommage personnel. »

CHAPITRE IV

*Si le calomnié a quelque intérêt à réclamer une arme
contre la calomnie.*

Le droit naît de l'intérêt et, avant d'introduire
dans nos codes une action nouvelle, hérissée de
difficultés, grosse de dangers, ne serait-il pas sage
d'examiner si le calomnié n'aurait point plus d'intérêt à se taire qu'à grossir la voix de son accusateur
des échos retentissants de l'audience ?

Pour répondre à cette objection, nous n'avons qu'à
demander aux moralistes ce qu'ils pensent des
ravages de la calomnie.

« Là où la calomnie est tolérée, dit Machiavel (1),
les mauvais citoyens sont moins inquiétés que les
bons ne sont tourmentés et vexés. »

Dans le même ordre d'idées Daunou disait (2) au
Conseil des Cinq-Cents : « Quand il y a diffamation

(1). *Discours politiques.*
(2). Rapport du 5 frimaire, an V.

pour tout le monde, il n'y a de censure pour personne, et, tandis que l'homme vertueux est souvent dépouillé de sa propriété la plus chère, de l'estime de ses pareils, le méchant n'est couvert que d'une faible partie de l'opprobre qu'il a mérité. »

Un anonyme anglais écrit : « Il arrive souvent que les meilleures gens sont ceux dont le caractère a été le plus attaqué par les calomniateurs, comme ce sont les meilleurs fruits que nous trouvons les plus becquetés par les oiseaux. » — Shakspeare : « Soyez aussi chaste que la glace, aussi pure que la neige, vous n'échapperez point pour cela à la calomnie. » — Un auteur espagnol, Barros : « La vertu de Lucrèce elle-même a été contestée. » — De Nordstern : « Tu peux dompter l'éléphant, arrêter le sanglier rapide, le cheval sauvage ou le taureau furieux, mais jamais le serpent venimeux de la calomnie. » — Un anonyme espagnol : « Sa parole est comme le charbon ; quand elle ne brûle pas, elle noircit. » — Un anonyme anglais : « Il y en a plus qui sont tombés par le tranchant de la langue que par le tranchant du glaive. » — Un auteur italien, Berrezio : « Que la femme, calomniée dans son honneur, veuille se défendre, qu'elle tente de remonter à la source des propos outrageants et d'en triompher, elle constatera que depuis longtemps l'impitoyable causerie des salons se fait un jeu de sa réputation ; elle trouvera chez les femmes une compassion insultante ; d'autres, plus perfides, l'assassineront en la justifiant ; elle rencontrera chez les hommes une galanterie injurieuse et un respect moqueur. Combien d'infortunées n'ont trouvé d'autre refuge que le suicide contre cette angoisse incurable ! »

Nous pourrions multiplier les citations sans jamais rencontrer un cri discordant au milieu du concert d'invectives qui s'élèvent, du livre, de la chaire ou de la tribune, contre le monstre. Partout, d'une commune voix, on le représente s'attaquant aux plus purs, troublant leur vie, quelquefois les poussant à des actes de désespoir. Et le remède ? Personne ne l'indique. Devant le silence des lois, on se contente de conseiller au calomnié la résignation (1). « On « m'attribue une mauvaise intention, dit une *pensée* « *chinoise;* eh ! que m'importe si je ne l'ai point « eue ? On m'attribue une action condamnable, eh ! « pourquoi m'affliger si j'en suis innocent ? L'opi- « nion des autres peut-elle me dépouiller de ma

(1) « Quand quelqu'un te fait du mal, écrit Epictète, ou qu'il dit du mal de toi, qu'il te souvienne qu'il croit y être obligé. Il n'est donc pas possible qu'il suive tes jugements, mais les siens propres ; de sorte que, s'il juge mal, il est seul blessé, comme il est le seul qui se trompe ; car si quelqu'un accuse de fausseté un syllogisme très juste et très suivi, ce n'est pas le syllogisme qui en souffre, mais celui qui se trompe en jugeant mal. »

Nous ne croyons pas que l'art de raisonner puisse conduire un grand esprit plus loin dans la voie de l'absurde. En appliquant ce beau raisonnement aux lois qui répriment le vol, ce ne serait plus le volé qu'il faudrait plaindre, mais le voleur !

« vertu ? » L'auteur de cette pensée semble oublier ici que, pour vivre en société, il ne suffit pas d'être droit, mais qu'il faut encore que les autres croient à notre droiture. En général, les baumes adoucissants, que l'on verse charitablement sur les plaies du calomnié, ne sauraient opérer de guérison que sur l'anachorète qui se cache dans la solitude, ou sur le religieux qui vit au fond d'un cloître.

« Si on murmure, on gronde, on calomnie, dit
« saint François de Sales dans une comparaison
« plaisante (1), laissons abboyer les mastins contre
« la lune. Car s'ils peuvent exciter quelque mauvaise
« opinion contre notre réputation et par ainsi couper
« et raser les cheveux et la barbe de nostre re-
« nommée, bien tost elle renaistra, et le rasoir de
« la médisance servira à nostre honneur, comme la
« serpe à la vigne, qu'elle fait abonder et multi-
« plier en fruits. » Le Saint humoriste s'empresse
toutefois d'ajouter, dans une note : « J'excepte néan-
« moins certains crimes, si atroces et infâmes que
« nul n'en doit souffrir la calomnie, quand il s'en
« peut justement décharger... Car en ce cas il faut
« tranquillement poursuivre la réparation du tort
« reçeu suivant l'advis des théologiens. »

Avec son admirable bon sens, l'auteur de l'*Introduction à la vie dévote* admet donc que la résignation a ses limites et qu'il est des attaques qu'on doit repousser autrement que par le mépris. Il faut cepen-

(1) *Introduction à la vie dévote*, 3me part., chap. 7.

dant reconnaître que plus l'accusation sera énorme,
moins elle aura de chance d'être acceptée par les
esprits délicats. « Comment, dit-on, ne pas croire à
la clameur publique? Je réponds, au contraire,
comment ne s'en pas défier? Mais tout le monde
assure que Talbot est un homme atroce; c'est ce que
je nie. Douze personnes peut-être le défendent contre
mille qui l'accusent; ce m'est un grand préjugé en
sa faveur. J'ai moins de peine à supposer douze
personnes vraies et raisonnables que mille (1). »

Nous voudrions que cette opinion de Mlle de Sommery fût partagée par le plus grand nombre; malheureusement sa bienveillance ne trouvera que peu d'i-
mitateurs (2). Que de consciences équivoques, qui
prêteront complaisamment l'oreille au mal que l'on
dit des autres sans avoir jamais l'idée d'en demander
la preuve, tandis que, pour croire au bien, elles
exigeraient volontiers un acte notarié. Admirable
terrain pour la calomnie! La mauvaise herbe pousse
vite et sans soins; que sera-ce lorsqu'elle sera cultivée

----

(1) *Doutes sur différentes opinions* par Mlle DE SOMMERY.

(2) Cette bienveillance n'est en effet que le lot de ceux
qui joignent un bon cœur à une bonne intelligence. Il y a
plaisir à les citer. Le comte d'Oxenstiern dit dans ses
Pensées : « Je ne concluerai jamais rien sur les bruits qui
courent du prochain. Car, s'il se trouve coupable, je serais
fâché d'augmenter le fardeau de son malheur par mes raisonnements, et s'il se trouve innocent, je serais ravi de
n'avoir pas été du nombre de ses calomniateurs. »

Duclos écrit : « Un moyen sûr, et le seul qui le soit, pour
ne point calomnier, c'est de ne jamais médire. »

par la haine, dans un sol si bien préparé, et où il
y a tant de fumier ! Et vous, législateur, vous n'ar-
rêterez pas la main criminelle qui la sème ? Vous
baisserez la tête sous l'injure ? Vous aurez plus de
résignation chrétienne que saint François de Sales ?
En vérité nous admirons ces orateurs des Chambres
qui font des sermons politiques sur la patience, à
propos de la calomnie !

« Il faut la supporter comme on supporte le froid
ou la tempête, » disait Pastoret (1) aux Cinq-
Cents. Singulier langage dans la bouche d'un
législateur sérieux ! Est-ce que, tous les jours,
l'homme ne travaille pas à se préserver des violences de la nature ? Est-ce que les lois seraient
plus rétives au progrès que l'industrie ? Hâtons-nous
de rappeler toutefois qu'un cri d'indignation s'était
élevé pour faire justice de cette lamentable argumentation. « Reste à savoir, disait Daunou dans son
rapport du 5 frimaire an V, si la calomnie doit
être comptée parmi les attentats contre les droits
individuels. J'aimerais autant demander si l'honneur
est une chimère, si l'estime est un bien, si l'opprobre
est un mal, s'il faut éteindre dans les âmes le *désir
d'une réputation intacte*, si enfin la *sûreté d'un
citoyen n'est pas compromise* par la défaveur et
l'ignominie dans lesquelles on l'aura plongé..... On
s'accoutume à n'apercevoir dans ceux que l'on
outrage chaque jour que des hommes irrévocable-
ment sacrifiés ; on ne croit plus exister, avec eux,

(1) Rapport du 24 brumaire an V.

dans le même cercle de relations humaines ; on les a relégués hors des lois de la nature. On a besoin d'espérer leur perte pour sa propre sécurité... »

Daunou a trouvé ici le mot juste. La *sûreté* du calomnié est *compromise ;* il devient un paria, un proscrit, le bouc émissaire de la foule, qui se croit le droit de l'insulter, et, à l'occasion, de le maltraiter. Voyez, dans Aristophane, comment se termine la comédie des *Nuées.* Strepsiade, l'épais bourgeois, irrité contre Socrate, qu'on lui représente comme un ennemi des Dieux et de l'ordre, s'écrie : « Je n'attendrai pas les lenteurs de la justice ; je cours mettre le feu à la maison de ces charlatans ! » Ainsi fait l'opinion publique, ignorante et cruelle. Il suffit de quelques gredins pour l'ameuter contre un honnête homme. Et, sans lui laisser le temps de se reconnaître et de se justifier, elle l'exécute sans autre forme de procès !

CHAPITRE V

Danger de laisser aux citoyens le soin de se faire justice à eux-mêmes. — Ce que deviennent les arrêts de l'opinion publique avec la loi sur la diffamation.

Oublions maintenant les souffrances du calomnié pour n'envisager que l'intérêt de la société, et demandons-nous si l'introduction dans nos codes d'une action en calomnie peut être déclarée, en quelque sorte, d'utilité publique. Les faits se chargeront de donner raison à notre système ; ils abondent, et nous n'aurons que l'embarras du choix.

Quand la loi ne le protège pas, il est évident que l'individu a le droit de se protéger. Ce droit de légitime défense, que personne ne contestera, s'exerce lorsque l'absence des agents de la force publique, qui doivent secours à l'homme menacé, obligent celui-ci à repousser lui-même l'attaque ; ou bien lorsque, par son silence, la loi s'avoue impuissante et laisse au particulier le soin de se faire justice à lui-même. Nous n'avons rien à dire de la première hypothèse, qui n'est, après tout, qu'un cas de force majeure, mais nous ne saurions trop attirer sur la seconde l'attention du législateur. A-t-il considéré l'étendue du danger auquel s'expose la société en autorisant les individus à se faire justice à eux-mêmes? Les peines ne vont plus être appliquées par un magistrat calme et impartial; c'est un homme irrité qui sera à la fois juge et bourreau ; c'est une main, tremblante de colère, qui exécutera l'arrêt dicté par un cerveau que l'outrage exalte jusqu'à la folie. Pour la même insulte l'un se vengera en donnant un soufflet, l'autre croira que son honneur exige la mort de son ennemi. Et ce n'est pas seulement la passion qui raisonnera ainsi. Un homme de sang-froid, un homme appelé à discuter, à voter les lois, un député, Dandré, disait à l'Assemblée nationale, le 23 août 1791 : « Si un fonctionnaire public était rencontré par un homme qui lui dit : Vous avez volé dans la caisse de votre district 10,000 francs ! prétendez-vous qu'il n'aura pas le droit de poursuivre cet homme? En ce cas, je prétends qu'il aura le droit de le tuer; si les lois ne le vengent pas, il a le droit de se venger lui-même. »

Eh bien, supposons que ce conseil soit écouté, supposons qu'une personne outragée tue son calomniateur, nous allons assister à une étrange contradiction de la loi. Traduit devant une cour d'assises, le meurtrier, s'il a le bonheur d'être acquitté, n'aura du moins évité ni le supplice d'une longue prison préventive, ni les angoisses de débats criminels. Et voilà cet homme à qui la loi disait : « On te calomnie, je n'y puis rien, défend-toi ! » Voilà cet homme à qui la loi dit maintenant : « Tu as tué ton calomniateur ? malheur à toi ! tu as dépassé la mesure ! » Hé ! cette mesure, où la trouve-t-on ? cette règle, où est-elle écrite ? Nulle part ! Tant pis pour le calomnié s'il a le sang trop vif ! Au lieu de donner la mort à son ennemi, que ne s'est-il contenté de lui donner des coups de canne ; il en aurait été quitte pour une simple condamnation en police correctionnelle !

Si l'insulteur n'est pas trop indigne de lui, l'insulté pourra, il est vrai, demander une réparation par les armes. De tous les moyens que nous employons pour nous faire justice, quand la loi cesse de nous protéger, le duel est, en effet, le plus noble, le plus loyal. Oublions donc, un instant, ce qu'il y a de sauvage et d'absurde dans cette coutume, qui s'est répercutée sur notre civilisation comme un lugubre écho des violences du Moyen-Age ; ne voyons qu'un honnête homme indigné qui cherche, dans un combat où il s'expose à perdre la vie, une occasion honorable de châtier un gredin, et supposons que cet honnête homme, échappé heureusement aux périls de la lutte, blesse ou tue son adversaire. Jouira-t-il enfin du repos qu'il a si bien mérité ? Non ; après les dangers du combat viendront les angoisses d'un procès criminel.

Depuis la Révolution jusqu'en 1837, la jurisprudence a jugé constamment que, le duel n'étant qualifié crime par aucune loi, il résulte de là que le fait d'avoir, à la suite d'un rendez-vous, tué ou blessé son adversaire, sans qu'il y ait eu déloyauté ni perfidie, n'est passible d'aucune peine. Telle fut longtemps la doctrine des Cours. Cependant, frappés de ce fait — indiscutable d'ailleurs — que le duel porte une atteinte sérieuse à l'ordre public, les magistrats de la Cour de Cassation décidèrent, dans un arrêt mémorable (1), que toutes les fois qu'un meurtre a été commis, que des coups graves ont été portés dans un duel, les juges, appelés à prononcer sur la prévention ou l'accusation, ne peuvent se dispenser de renvoyer l'inculpé, suivant les cas, devant la cour d'assises ou le tribunal correctionnel.

Ainsi, le duelliste, qui n'a eu que le tort de tuer son adversaire, devra endurer le supplice d'une procédure criminelle et des débats qui en seront l'épilogue. Il est vrai qu'il se sentira soutenu par l'opinion publique ; il est certain qu'à l'audience même il aura la consolation de voir percer sur le visage du magistrat, qui se résigne à être l'esclave du texte, le tourment de l'homme d'honneur qui rougit de l'appliquer. Eh bien, nous pensons qu'il ne faut pas faire de la conscience du juge le théâtre d'une action dramatique, où le malheureux s'épuisera dans une

(1) Crim. Cass., 22 juin 1837.

lutte pénible entre ses devoirs de magistrat et ses inspirations d'homme de cœur.

Une loi qui suscite de pareils combats intérieurs, est une mauvaise loi. On doit la supprimer ou la refaire. La refaire? On y a pensé, et si l'on renouvelait la tentative, on pourrait prédire avec certitude que la loi refaite ne vaudrait pas mieux que la jurisprudence actuelle. N'essayez donc pas d'être plus habiles que nos codes, où l'on chercherait en vain un seul passage qui ait trait au duel. Sur ce point, le législateur s'est montré profondément humain ; il a fermé les yeux sur des misères qu'il ne voulait pas voir. Imitez-le, gardez-vous de rompre ce silence intelligent. Le remède au duel ne serait pas dans la loi qui punirait le duel, mais dans celle qui le rendrait, sinon impossible, au moins très rare. Que notre législation protège plus efficacement l'honneur des citoyens; qu'elle place, par exemple, à côté de l'action en diffamation, une action en calomnie, et le duel disparaîtra peu à peu de nos mœurs. Nous ne prétendons pas que cette action en calomnie deviendrait une sorte de panacée qui guérirait toutes les blessures, qui panserait toutes les plaies ; mais nous sommes convaincus qu'elle empêcherait beaucoup de luttes sanglantes, inégales et absurdes. Le reste serait l'affaire du magistrat. Quand la violence des passions, quand la fatalité des événements, quand les bornes imposées à la prévoyance du législateur rendraient un combat inévitable, le juge s'inspirerait de la sage jurisprudence de l'arrêt (1) du 8 avril 1819; il observerait, il serait témoin derrière les témoins du duel, et il n'interviendrait que lorsqu'il y aurait eu dans la lutte déloyauté ou perfidie (2).

Voyons maintenant à quelles erreurs seront exposés les jugements de l'opinion publique tant que celle-ci n'aura, pour se guider, que la lueur incertaine d'une instance en diffamation.

Il y a des actes contraires à l'honneur qui échappent à l'application de la loi pénale. Telles sont par exemple la fraude qui ne revêt les caractères ni de l'abus de confiance, ni de l'escroquerie, et la dissimulation d'une hypothèque dans un contrat de vente. Ces faits resteront-ils pour cela impunis? Non, ils seront flétris par les arrêts de l'opinion publique. « Il est une sorte de censure que l'on doit tolérer, disait à ce sujet Portalis dans son rapport du 26 germinal an V aux Anciens. Les lois se sont chargées de punir les crimes; mais, ne pouvant se charger de flétrir tous les vices, elles ont supposé que les hommes se feraient justice eux-mêmes, en

(1) Crim. Cass., 8 avril 1819... Aff. Cazelles. — Dans cette affaire, la Cour de Cassation jugea, par un arrêt longuement et soigneusement motivé, que ni les art. 295 et 304 c. pén., ni aucun autre article de ce code sur l'homicide, le meurtre et l'assassinat, ne peuvent être appliqués à celui qui, dans les chances réciproques d'un duel, a donné la mort à son adversaire sans déloyauté ni perfidie.

(2) Dans la cinquième partie de cette étude, nous examinerons, avec plus de développements et sous un autre point de vue, l'importante question du duel.

punissant le coupable par la honte et le mépris... »

Voilà qui est bien dit. La haute cour de l'opinion vengera la morale offensée ; elle jugera en premier et en dernier ressort les actes coupables qui glisseront à travers les mailles d'une pénalité trop large. N'oublions pas toutefois qu'on nous place en face d'une juridiction exceptionnelle. Un tel tribunal devrait au moins offrir aux justiciables les garanties que présentent les tribunaux ordinaires ; il devrait même, en raison de son caractère d'exception, en offrir davantage. N'aura-t-il pas en effet à statuer sur des faits qui, par leurs nuances infinies et par la difficulté qu'on éprouve à les saisir, constituent en quelque sorte le véritable domaine de la calomnie ?

Le danger avait été signalé par M. Monseignat. « Rien de plus aisé à classer, dit-il (1) à la tribune du Corps législatif, que les imputations qui donneraient lieu à des poursuites criminelles ou correctionnelles... Le code ne présente-t-il pas la nomenclature de tous les faits de ce genre ? Mais la loi aurait été imparfaite si elle s'était bornée à prévenir cette seule espèce d'imputations. Car alors le calomniateur, au lieu de reprocher un fait criminel, n'imputerait que les dispositions méprisables ou odieuses qui peuvent conduire à le commettre..... Grâce au projet, qui atteint d'une peine correctionnelle les calomniateurs qui auraient exposé le ca-

(1) Rapport, au nom de la Commission de législation civile et criminelle, sur le titre II du livre III du Code Pénal. — Séance du 17 février 1810.

lomnié au mépris ou à la haine des citoyens, cette disposition embrassera par sa généralité la calomnie dont nous venons de parler et toutes les autres de la même espèce. »

Ce raisonnement eût été parfait si le législateur de 1810 en avait tiré les conséquences légitimes, en autorisant le prévenu de calomnie à apporter la preuve des faits honteux qu'il aurait reprochés à un tiers. Malheureusement il n'en fut pas ainsi. « S'il est décidé, dit M. le Chevalier Faure (1), que la personne dont l'honneur a été attaqué n'est pas coupable, soit parce que les faits ne sont pas prouvés (2), soit parce qu'ils ne sont point *défendus par la loi*, l'auteur de l'imputation doit être déclaré convaincu du délit de calomnie et puni des peines portées par la loi... » Donc, sous le régime du Code de 1810, quand il s'agissait de faits déshonorants, que la loi n'atteignait pas, l'imputation de ces faits, quoique vraie, était toujours punie comme une calomnie. Comment l'opinion parvenait-elle à se diriger au milieu des ténèbres de ce chaos légal? Qui devait-elle flétrir? Le calomniateur? mais il pouvait avoir dit la vérité! L'auteur des faits honteux? mais il pouvait être innocent!

(1) Motifs sur le 5ᵉ projet de loi du Code Pénal ; 7 février 1810.

(2) L'art. 368 disait : « Est réputée fausse toute imputation à l'appui de laquelle la *preuve légale* n'est point rapportée »... Et l'art. 370 ajoutait : « Ne sera considérée comme preuve légale que celle qui résultera d'un jugement ou de tout autre acte authentique. »

Les articles du Code de 1810 ont été abrogés et remplacés par les dispositions de la loi sur la diffa-mation. Avec celle-ci, sortirons-nous enfin du brouillard ? « Tous les législateurs, dit M. de Serre (1), ont senti qu'il était impossible d'autoriser tout individu à publier, sur le compte d'un autre, des faits dont la publication causerait à ce dernier un dommage réel, fussent-ils d'ailleurs vrais. Pour remédier à cet inconvénient, ils ont attribué au mot *calomnie* un sens légal autre que son sens naturel et vulgaire, en déclarant que quiconque ne pourrait fournir, par actes authentiques, la preuve légale des faits par lui attribués à autrui, serait réputé calom-niateur... Il est souvent résulté de là, entre la loi et l'opinion, entre le droit et le fait, une discordance fàcheuse. La substitution du mot *diffamation* au mot *calomnie* fait disparaître, du moins en partie, cet embarras. La diffamation n'implique pas nécessaire-ment la fausseté des faits ; elle dénote seulement d'une part l'intention de nuire, et de l'autre le dommage causé. »

Nous ne voyons pas, quoi qu'en dise M. de Serre, que l'embarras soit moins grand avec la loi sur la diffamation. Les articles du Code de 1810 avaient cela de bon qu'ils établissaient très clairement une certaine catégorie de calomniateurs, de vrais calom-niateurs, dans le sens naturel et vulgaire du mot. Ils n'ont eu que le tort de s'arrêter en chemin et de

(1) Chambre des députés, 22 mars 1819.

ne pas fournir hardiment les moyens d'atteindre tous les malfaiteurs qui se servent de la parole pour exercer leurs basses vengeances. La loi de 1819 semble au contraire accomplir un progrès en arrière. Pour faire cesser la confusion, elle envoie ceux qui mentent et ceux qui disent vrai aux mêmes demi-ténèbres. Ce n'était pas un mot qu'il fallait substituer à un autre, mais le jour à la nuit. On ne fait pas la lumière en promenant, dans les ombres d'un souterrain, les pâles rayons d'une lanterne sourde. Mieux vaut l'obscurité complète ; une lueur indécise a cela de dangereux qu'on voit mal et qu'on croit avoir bien vu.

Que parlons-nous de lueur indécise ! L'opinion publique ne sera même pas éclairée, la plupart du temps, par les misérables reflets de l'action en diffamation. Si nous nous rappelons combien il est difficile d'introduire cette action, combien la calomnie est habile à tourner la loi, nous pouvons affirmer sans crainte que, quatre-vingt-dix-neuf fois sur cent, le calomniateur aura le privilège de publier sans coup férir les faits déshonorants qui échappent à une sanction pénale. Quel spectacle ! Voilà un honnête homme traduit, non plus par un dénonciateur, mais par un calomniateur, devant le tribunal de l'opinion publique. Quels témoins vont déposer contre lui ? Son calomniateur, celui-là même qui, pour donner cours à son mensonge, a murmuré le premier à l'oreille d'un niais : « Tout le monde le dit ! » et ses complices, c'est-à-dire tous ces mal-

veillants ou tous ces imbéciles qui s'en vont répétant : « Tout le monde le dit ! » Telle est la preuve !
Et la défense ? Aucune ! Non-seulement le calomnié n'aura pas d'avocat, mais on lui refusera ce qu'on ne refuse pas au dernier des criminels : le droit d'être interrogé et entendu. Et l'exécution ? Elle accompagnera et, souvent, précédera la sentence !
Tel est, sous le régime de la loi de 1819, le tribunal de l'opinion publique.

CHAPITRE VI

Avec la loi de 1819, difficulté de réprimer les concussions commises par les fonctionnaires ; impossibilité d'empêcher certaines entreprises véreuses des particuliers, d'apaiser les haines sociales, de protéger les inventeurs contre les mensonges qui nuisent à l'application de leurs découvertes.

Consacré par l'article 20 de la loi du 26 mai 1819, le droit de prouver contre un fonctionnaire la vérité des faits diffamatoires qu'on lui impute, ce droit, après avoir subi les variations du baromètre politique, honoré dans les temps de liberté, conspué aux heures de servitude, a été remis en vigueur par la Révolution du 4 septembre 1870. Personne aujourd'hui n'en contestera l'utilité. Cependant, dans la plupart des cas, l'exercice de ce droit ne sera que lettre morte tant qu'on n'aura pas permis la preuve contre les particuliers (1).

(1) « Lorsque la diffamation est dirigée contre un particulier et même contre un fonctionnaire public, à raison de faits non relatifs à ses fonctions, nul ne sera plus admis à prouver la vérité des faits diffamatoires, en sorte que ces faits, fussent-ils prouvés par écrit, vérifiés par des jugements, le diffamateur n'en devra pas moins être poursuivi et puni. »

Jacquinot-Pampelune. Chambre des députés, 27 avril 1819.

Supposons qu'un ministre, arrivé au pouvoir sans fortune, devienne tout-à-coup millionnaire et achète, sur ses économies, terres et châteaux. On sait que ce dernier miracle s'accomplit quelquefois à l'Opéra-Comique; mais les contribuables, qui rient aux représentations de la *Dame-Blanche*, n'applaudiraient pas volontiers au spectacle d'un ministre qui s'engraisserait aussi scandaleusement aux dépens du budget. Que l'un d'eux se fâche et laisse publiquement éclater sa mauvaise humeur, aussitôt le ministre indigné traduira notre homme devant la police correctionnelle. « Vil calomniateur! s'écriera-t-il par la bouche de son avocat, de quel droit viendriez-vous jeter un regard perfide sur ma vie privée? Ce n'est pas comme fonctionnaire, mais comme particulier que j'ai joué à la Bourse. Est-il donc défendu d'être heureux? » Et le ministre retournera tranquillement à son portefeuille et à ses spéculations, tandis que le contribuable sera peut-être condamné à méditer pendant six mois, en prison, sur les dangers que l'indignation trop hautement exprimée peut faire courir aux honnêtes gens (1).

Telle est la loi sur la diffamation. Il est bien vrai qu'elle permet maintenant la preuve contre les dépositaires ou agents de l'autorité publique ; mais, tant qu'elle ne sera pas complétée par une action en calomnie, elle aura beau menacer les fonctionnaires

(1) « La diffamation envers les particuliers, dit l'art. 32 de la loi du 29 juillet 1881, sera punie d'un emprisonnement de cinq jours à six mois. »

dans le cercle des faits relatifs à leurs fonctions, les habiles ne trouveront que trop souvent le moyen d'y échapper par la tangente de la vie privée.

S'il est déjà trop facile à un fonctionnaire de se dérober à la surveillance de la loi de 1819, que dire des particuliers à qui cette même loi accorde, dans tous les cas, le bénéfice de l'impunité! Les mauvaises actions de tous ceux qui ne sont ni dépositaires, ni agents de l'autorité publique, ne seront pas seulement couvertes par le silence du législateur; une défense, nettement formulée, viendra à leur secours. On lit, en effet, dans l'article 20 de la loi du 26 mai 1819 : « Nul ne sera admis à prouver la vérité des faits diffamatoires. » Quelques députés protestèrent avec énergie contre cette disposition dangereuse. « Un silence obligé protégera donc les hommes pervers! » s'écria M. Laîné de Villevêque. Il ne fut pas écouté.

Pour bien faire comprendre l'étendue du péril social que nous signalons, il nous suffira d'indiquer au lecteur certaines catégories de personnes que la loi ne considère pas comme des fonctionnaires publics. Ainsi il a été jugé que, dans le sens des lois répressives de la diffamation, cette qualité n'appartient pas aux huissiers (1), aux avoués (2), aux secrétaires de mairie, aux ministres d'une religion légalement reconnue (3), aux notaires, aux commis-

---

(1) Crim. rej., 25 juin 1831, aff. Bergé.
(2) Caen, Trib. correct., 28 et 29 déc. 1871.
(3) 10 sept. 1836. — C. C.

saires-priseurs, aux agents de change, etc. Aucune de ces personnes n'est soumise à la censure qu'autorise la loi de 1819. Donc, qu'un notaire rédige des actes suspects, qu'un agent de change expose vos capitaux à des jeux de Bourse désordonnés, vous ne serez pas admis à prouver contre eux la vérité des faits diffamatoires. Libre à vous de retirer votre confiance et votre argent avant la catastrophe, non de vous plaindre après ou d'avertir vos voisins (1).

Indignés de cette coupable tolérance de nos codes, quelques jurisconsultes (2) ont essayé d'interpréter la loi sur la diffamation dans un sens favorable aux intérêts du public et de la morale. Suivant eux, la loi de 1819, comme la lance d'Achille, aurait le privilège, après l'avoir faite, de guérir la blessure ; sui-

---

(1) Frappé du danger que nous signalons, le législateur, dans l'article 31 de la loi du 29 juillet 1881, a voulu assimiler certaines personnes aux *fonctionnaires* au point de vue de la répression, de la compétence et de la preuve. Tels sont les sénateurs et députés, diffamés *à raison de leurs fonctions ou de leur qualité; les citoyens chargés d'un service ou d'un mandat public temporaire ou permanent.* Mais, pour démontrer combien cette réforme est insuffisante, il suffira de dire qu'on ne saurait faire entrer dans cette dernière catégorie ni les notaires (Cour d'appel de Nîmes, ch. correct., 5 mars 1885) ; ni les directeurs, gouverneurs et employés de la Banque de France, du Crédit Foncier, du Comptoir d'Escompte, des Caisses d'épargne ; ni les secrétaires de mairie ; ni les employés des préfectures et sous-préfectures ; ni les employés de toute sorte des hospices, etc.

(2) M. DE GRATTIER : *Commentaire des lois de la presse,* tome I, p. 178.

vant eux, si vous aviez appelé Rolet un fripon, vous auriez le droit de vous justifier en apportant la « preuve légale » des faits reprochés à Rolet. Ces auteurs, dont nous ne saurions trop louer le mobile généreux, s'appuient, pour établir leur doctrine, sur l'exposé des motifs de l'article 20. « ... Le projet, avait dit M. de Serre, n'a point dû parler ici de la preuve légale. Il n'y a point diffamation, suivant la loi pénale, à répéter un fait généralement notoire, et bien moins lorsque cette notoriété prend sa source dans la publicité des actes de l'autorité. » Malheureusement, dans ce passage de son discours, le garde des sceaux n'avait en vue que les preuves qu'on doit fournir devant le jury contre des fonctionnaires ; ses paroles, en ce qui touche la preuve légale, ne peuvent donc s'appliquer aux particuliers.

Les mêmes auteurs seront-ils plus heureux lorsqu'ils fonderont leur argumentation sur la jurisprudence ? Non, car des arrêts ne valent que par le nombre ; et, sur ce point, les cours se divisent en deux camps ennemis. Il a été jugé par exemple (1) : « Qu'il peut y avoir diffamation dans le fait de celui qui, ayant obtenu contre un tiers une comdamnation correctionnelle, publie cette condamnation au moyen d'une affiche manuscrite du jugement apposée à la porte de l'église, lorsque le jugement ne porte pas qu'il sera affiché. » Vous l'entendez ! celui qui publie une affiche *manuscrite* d'un jugement, une

(1) Tribunal correctionnel de Grenoble ; 7 décembre 1826.

seule, s'expose à être condamné à un an de prison, à 2,000 francs d'amende et aux dommages-intérêts. Avec une telle épée de Damoclès sur la tête, quel journaliste osera *imprimer* le jugement qui inflige une peine afflictive ou infamante? Quelque bonne volonté qu'elle ait d'éclairer le public, la presse n'ira pas courir les chances d'un tel procès. Et, lorsqu'elle aura éteint la lumière qu'elle projetait sur les entreprises ténébreuses, les coquins rassurés pilleront à leur aise dans l'ombre.

Nous n'exagérons rien; ce spectacle nous l'avons eu sous les yeux. Deux ou trois aventuriers de la finance fondent une société de crédit quelconque. Pour battre le rappel des capitaux imprudents, ils remplissent les journaux d'annonces, et personne ne signale le danger qui menace les petites bourses, et pas une voix ne prend la défense des économies du père de famille! Une série de catastrophes jette l'alarme dans le pays. On s'étonne, on se plaint. O scandale! un drôle, qui avait sept ou huit condamnations à son dossier, n'a pas craint de se mettre à la tête d'une grande entreprise financière! De Paris jusque dans les provinces, où ses bras s'allongeaient comme ceux de la pieuvre, il a fait le vide dans toutes les caisses où il y avait quelque proie à dévorer, et personne n'a crié : gare! Et personne n'a eu la bonne pensée d'arracher le masque de cet effronté! Hé! que devient la presse? Que font les journaux?... A cela le chœur des journalistes répond : « Modifiez les lois sur la diffamation, rendez-nous la parole, donnez-

nous la liberté de nos confrères américains (1),
et nous vous promettons d'avertir vos capitaux ! »

Ces vœux de la presse ont été exaucés en partie
par la loi de 1881, dont l'article 35 permet la preuve
« contre les directeurs ou administrateurs de toute
entreprise industrielle, commerciale ou financière,
faisant publiquement appel à l'épargne ou au crédit. » Mais, quels seraient les faits diffamatoires
que l'on pourrait prouver à l'encontre des directeurs ou administrateurs de ces entreprises ?

« L'accusation, a répondu l'un des membres de la
Commission, M. Laboulaye, pourra porter sur le fait
de la mise en Société elle-même. On pourra dire par
exemple : le premier versement n'est pas fait, ce
premier versement est fictif; on a prêté un chèque,
que vous avez rendu le lendemain. En un mot, nous

(1) « En Amérique, disait M. Villemot dans *l'Événement*
du 28 janvier 1873, la liberté de la filouterie a son contre-
poids naturel dans la liberté de la presse. Les journaux
américains ont le droit de dire qu'un voleur est un voleur,
sans qu'il leur en coûte un sou pour leur honnête franchise.
Dernièrement, à New-York, une société se fonda sur le pied
d'une quarantaine de millions, pour l'exploitation d'une vaste
mine de diamants. L'affaire fut supérieurement lancée et les
actionnaires, qui sont primitifs de l'autre côté de l'eau
comme de ce côté-ci, commençaient à affluer de toutes parts,
lorsqu'un journal publia que la mine de diamants en question n'avait jamais existé que dans l'imagination de ses
inventeurs...

C'est le journal qui avait sauvé l'argent des actionnaires,
en divulguant les voies et moyens de ceux qui voulaient
simplement sauver la caisse. »

voulons que la conscience publique puisse se prononcer sur certains spéculateurs qui ont fait un voyage en Angleterre ou qui ont eu des malheurs à Poissy... »

Si la recherche de la vérité est ainsi limitée, tous les coquins à leurs débuts, tous les loups de mer de l'escroquerie, habiles à louvoyer entre les écueils de la police correctionnelle, tous ceux en un mot qui n'auront pas encore subi de condamnation, pourront à loisir, sans redouter les avertissements de la presse, prendre l'ignorance dans leurs filets, ou jeter leurs hameçons à la pauvreté, que tente l'appât trompeur d'un gros dividende. S'il doit en être ainsi, ne touchez pas à la loi de 1819 pour un si petit résultat. Au contraire, voulez-vous sérieusement défendre les économies du travailleur contre les entreprises véreuses, voulez-vous sincèrement introduire dans nos codes une réforme utile ? Gardez-vous de reprendre en sous-œuvre un édifice qui compromet la sécurité des citoyens. Tout en respectant la ruine, à côté, faites du neuf ; à côté de l'action en diffamation, élevez l'action en calomnie. Alors le journaliste ne craindra plus de parler. Sentinelle vigilante, il jettera l'alarme à ses risques et périls. S'il s'est trompé, des dommages et intérêts puniront sa légèreté ; s'il n'a dit la vérité que par méchanceté, par esprit de vengeance ou de spéculation, il sera condamné comme diffamateur ; s'il a calomnié, il subira la peine des calomniateurs.

L'absence d'une bonne loi sur la calomnie ne permet pas seulement aux chevaliers d'industrie de la finance d'entamer impunément la fortune des particuliers ; elle prive souvent l'Etat de ses meilleurs serviteurs, en leur inspirant le dégoût de la vie publique et en les tenant éloignés des affaires. Aristote comprenait si bien ce danger, que, dans le chapitre de sa *Politique* où il examine quelles doivent être les bases des institutions propres à conserver la démocratie, il réclame surtout des lois sévères contre les calomniateurs. Les modernes sont encore de son avis. « Il arrive souvent en politique, dit un anonyme italien (1), qu'une jalousie naissante fait qu'on parle froidement d'un ami. Pour peu qu'on y soit encouragé, l'on va plus loin et l'on hasarde des paroles de défiance ; les ignorants, les malveillants, les instruments aveugles accueillent celles-ci sans examen ; elles courent de bouche en bouche ; les ennemis de toute espèce s'en emparent ; l'ombre grandit et prend l'apparence d'un corps ; les timides évitent le calomnié et n'osent point le défendre. Enfin, un homme qui pouvait rendre de grands services à son pays, se voit perdu par le seul effet de l'envie et de quelques inimitiés privées. »

Si le législateur fait peu de cas des services qu'un homme de talent pourrait rendre à son pays, poussera-t-il l'indifférence jusqu'à fermer les yeux sur les ravages que la calomnie exerce dans les consciences ? Peut-être lui pardonnerait-on sa méchan-

______

(1) *L'Esprit des Italiens*, par P.-J. Martin.

ceté, si elle ne semait la corruption dans les cœurs naïfs. Que va devenir la jeunesse à son école ? La jeunesse est loyale ; elle a horreur du mensonge et, avant de croire à la calomnie, elle croira aux bruits atroces que le monstre répand autour de lui. C'est là une des causes les plus fréquentes et les moins étudiées de la corruption qui envahit, comme la gangrène, les cœurs les plus sains. « Quand nous cessons d'estimer ceux en qui nous avions placé notre confiance et nos respects, dit M. Octave Feuillet dans son *Histoire d'une Parisienne*, nous sommes portés à douter des vertus mêmes dont ils étaient pour nous l'image sensible. Les fausses idoles nous font suspecter la religion elle-même. »

Ce que nous disons de la jeunesse, à plus forte raison le dirons-nous du peuple, ce grand enfant qu'on enverra longtemps encore à l'école avant de lui faire préférer l'histoire aux contes de bonnes femmes. On sait avec quelle ardeur d'imagination les ignorants aiment à aller du particulier au général. Qu'un homme soit proposé à leur mépris, ils mépriseront en même temps toute la catégorie de citoyens à laquelle il appartient. La calomnie ne frappe pas seulement l'individu qu'elle vise ; elle va plus loin, par une suite de ricochets, atteindre la classe dont il fait partie. N'y a-t-il pas là un péril grave dans les temps calmes, terrible aux époques de trouble, à l'heure où les partis, à bout de bonnes raisons, exposent les réputations de leurs adversaires aux morsures d'une opinion publique affolée.

A ce mal, quel remède ? La franchise. Des gens, qui s'imaginent être sérieux, croient encore aujourd'hui qu'on ne peut gouverner qu'en s'entourant de mystère et en jetant un voile sur les infirmités sociales. Fatale erreur ! Pour une plaie que vous cacherez, vous en laisserez supposer mille qui n'existent pas. Vous dites que les esprits sont indisciplinés, que les principes s'en vont ? Si vous voulez que les principes soient vénérés, ne créez pas une sorte de droit d'asile pour ceux qui les violent ! Si vous voulez que la propriété soit respectée, n'exigez pas en même temps, comme le fait la loi sur la diffamation (1), que tout propriétaire soit *légalement* déclaré respectable.

Quand vous trouverez une fortune scandaleuse au Grand Livre, gardez-vous bien de la dissimuler hypocritement ; car, là où il n'y avait qu'un point noir, on supposerait bientôt une large tache, qui ferait douter de la blancheur du reste de la page ! Déchirez les voiles d'un demi-jour équivoque. N'oubliez pas que la lumière n'est que le contraste de l'ombre et que, dans une société où il y aurait de l'harmonie, la laideur du mal ne servirait qu'à rendre plus éclatante la splendeur du bien.

(1) « Une des notables innovations de la loi de 1819 a été de poser en principe que l'honneur d'un citoyen est sa *propriété*, son bien, tel qu'il l'aura fait, et que nul, soit par le mensonge, soit même par la *vérité*, n'y pourra porter atteinte. » Conclusions du procureur général Delangle ; Cass., mai 1867.

Au point de vue social, on pourrait surtout reprocher à la calomnie de compromettre l'application des
découvertes les plus utiles à l'humanité. Le progrès
doit nécessairement améliorer le sort du plus grand
nombre. Mais cette vérité ne saute pas aux yeux et,
comme ce qui est d'un intérêt général ne s'établit
jamais sans heurter quelques intérèts particuliers,
ceux-ci s'unissent dans l'ombre pour écraser leur
adversaire. L'ignorance des masses favorise cette
sourde conspiration de l'égoïsme. Comment des gens,
qui comprennent à peine les vérités acceptées, devi-
neraient-ils l'essor futur de celle qui vient d'éclore ?
L'idée, cette chose impalpable, ne devient visible
pour eux que lorsqu'elle prend une forme, un corps.

Pour l'empêcher de pénétrer dans la foule et de
conquérir une popularité, les ennemis de la découverte ou de la doctrine nouvelle se gardent bien de
l'attaquer en face. Par un procédé bien simple et
qui rend le triomphe plus facile, ils en désignent
les auteurs aux défiances et quelquefois aux colères
aveugles de la multitude.

On se rappelle les insinuations atroces que les
augures et autres charlatans du sacerdoce païen
inventèrent contre les premiers Chrétiens. Il s'agissait pour eux de défendre leurs autels contre ceux du
Dieu inconnu. Eurent-ils recours à la discussion ?
Non certes ! Que leur importait Jupiter ou Jésus ! Ce
qu'ils voulaient, c'était repousser les envahissements
d'un culte qui menaçait leurs *prébendes ;* c'était con-
tinuer, comme au bon temps des sacrifices, à con-

sacrer les entrailles des victimes aux Dieux et à mettre de côté, pour eux, les bons morceaux. La discussion ! Qu'auraient-ils répondu aux prédicateurs qui promettaient la liberté aux esclaves, aux malheureux l'égalité? N'ayant point de bons arguments contre le christianisme, ils déclarèrent la guerre aux chrétiens. A l'empereur, ils les représentèrent comme des criminels de lèse-majesté; aux fidèles du paganisme, comme des sacrilèges ; aux propriétaires de Rome, comme des incendiaires. Malgré tant de mensonges, malgré tant de persécutions, l'esprit nouveau fit la conquête des âmes et s'établit en vainqueur sur les ruines des superstitions païennes. Mais qui sait combien de retards, combien de malheurs on eût évités, si la sainte-alliance des égoïsmes conjurés n'avait pu enrôler, contre les apôtres du Christ, tous les fanatismes et toutes les ignorances !

Si une doctrine, qui n'avait à ses débuts d'autre ambition que la réalisation d'un progrès moral, faisait sortir de terre toute une légion de calomniateurs, que deviendra l'idée lorsque, s'attaquant aux intérêts matériels, elle lèvera l'étendard de la révolte contre la routine, la sottise et la rapacité? L'histoire des inventeurs nous le dira.

Jusqu'à Vésale, l'anatomie de Galien compose tout le bagage scientifique des docteurs du Moyen-Age. Cependant Vésale veut connaître la véritable organisation du corps humain. Cœur audacieux, il ose le premier demander à la mort les secrets de la vie. Il ne se contente plus d'ouvrir un livre, il ouvre un cadavre. Se sentant menacée dans son monopole par les hardiesses du novateur, la Faculté de Médecine se fâche. Elle sème autour de lui des propos malveillants. L'envie s'en empare, fait fructifier l'ivraie. Et Vésale, un beau jour, est accusé d'avoir ouvert le corps d'un gentilhomme vivant. Ce bruit est absurde ; mais, parce qu'il est absurde, on le croit. L'Inquisition accepte la rumeur comme une vérité, et condamne le prétendu coupable à mort. Vésale voit sa peine commuée par Philippe II. Pendant son exil, il est jeté par une tempête sur les côtes de l'île de Zante et meurt de faim, pour avoir tenté d'apporter des soulagements à l'humanité souffrante !

Quand Papin imagine d'appliquer à un bateau la force motrice de la vapeur, des jaloux suscitent contre lui la stupide colère des mariniers du Weser. Sa machine est mise en pièces, et le grand homme va mourir à Londres dans la misère. Pour jouir de son admirable invention, il faudra que le monde attende un siècle ! Il faudra que l'héritier du génie de Papin, Fulton, retrouve la découverte du maître et recommence une partie de ses épreuves ! En Amérique, où les premiers essais de son nouveau mode de navigation avaient complètement réussi, les constructeurs de navires répandent, sur l'inventeur et l'invention, les bruits les plus perfides. On dit partout que le système de Fulton sera préjudiciable à la marine des Etats-Unis. Des paroles, la haine passe aux actes. Sur le fleuve, où Fulton fait ses expériences, on envoie des bâtiments à voiles pour heurter son bateau, l'endommager et, s'il est possible, le couler à fond !

Quand Parmentier essaie d'acclimater en France la pomme de terre, les accapareurs, qui spéculent sur la misère du peuple, se servent du peuple pour battre en brèche la réputation du bienfaiteur des malheureux. Par ceux-là même auxquels il apporte le bien-être Parmentier se voit traité de fou, de monomane, d'homme dangereux !

Quand Jacquard invente le métier, qui doit aider tant d'ouvriers à vivre, des ouvriers détruisent ses premières machines et menacent sa vie !

Quand Sax veut renouveler la musique militaire, les facteurs, qui croient leurs intérêts compromis par son invention, discréditent les actions qu'il émet et vont jusqu'à l'accuser de fabriquer de la fausse monnaie !

Ainsi procède la calomnie. Dans son impuissance à attaquer le pur diamant de l'idée, elle se retourne avec rage contre le penseur, le mord et infecte de venin les plaies saignantes de son amour-propre. Limier féroce, elle montre la voie à la meute des ignorants qui achèvent, à leurs risques, son œuvre de haine et de destruction. L'invention ne périt pas toujours avec l'inventeur; mais, ne fût-elle que retardée, est-ce que ce retard ne causera pas un préjudice funeste à l'humanité ?

CHAPITRE VII

Sans une action en calomnie, nul moyen de concilier le respect que l'on doit aux morts avec celui que l'on doit à l'histoire.

La Cour de cassation a décidé, dans plusieurs arrêts, que la diffamation envers une personne décédée donne lieu à plainte de la part des héritiers du défunt, quoique l'outrage n'ait pas été dirigé contre eux personnellement. Beaucoup d'auteurs ont combattu cette doctrine. Pour accorder l'action en diffamation à l'héritier, ils veulent que celui-ci se sente blessé par l'outrage à travers la mémoire du défunt. Malheureusement, l'application d'un tel système ramènerait fatalement à la mise en œuvre de la théorie que ces auteurs condamnent. Comment fixer les limites du ressentiment en matière d'outrage? Préférera-t-on l'héritier cupide, qui accepterait la honte avec l'argent, à celui qui ne voudrait pas ramasser la sucession du mort sans relever le gant dont on a souffleté sa mémoire ? Ne vaudrait-il pas mieux donner tout de suite raison à la Cour de cassation ? Puisque la puissance de son interprétation peut aller jusqu'à refaire en quelque sorte la loi, n'est-il pas désirable, lorsque le législateur est muet ou ambigu, qu'elle le commente ou parle à sa place dans l'intérêt de la morale ? Au lieu de restreindre le respect dû aux morts ne serait-il pas plus utile, plus noble, de le favoriser ? (1)

« Après l'homme il reste ce qu'il a fait, disait M. le conseiller Plougoulm dans l'affaire Dupanloup (2) ; ce résultat, ce résumé de sa vie, c'est sa mémoire ; et c'est lui encore ; il se survit par là, il est honoré, respecté par là, puissant par là. Est-ce une illusion, une vaine ombre. que cette mémoire qui nous est si chère et sur laquelle nous réglons notre vie ?... Voudrait-on l'éteindre ? Aurait-on cet aveugle et impie courage ? Voyons-en les suites. L'homme ne respectera plus, ne défendra plus la mémoire de ses pères, parce qu'il saura que la sienne ne sera ni respectée ni défendue ; il jugera du mépris qui l'attend par le mépris qu'il pratique ; et alors, que deviennent les souvenirs, les traditions de famille, les encouragements à bien faire ?... »

Et, descendant de la région du sentiment à la loi

---

(1) Dans l'intérêt de la vérité, nous raisonnons ici comme si nous étions encore complètement sous le régime de la loi de 1819, parce que nous prouverons plus loin que la modification apportée par l'art. 34 de la loi de 1881 est plus spécieuse que réelle.

(2) Sirey, 1860, I, 662-663.

positive, l'éloquent rapporteur s'écriait : « Quoi !
vous nommez un curateur à la mémoire d'un condamné pour détruire l'œuvre de la justice (1), et
vous repousserez l'héritier qui viendra vous demander à venger la mémoire de son auteur diffamé, à
faire de par son devoir et son propre cœur ce que
vous, Messieurs, vous aurez fait de par la loi et dans
l'intérêt public !... Le curateur à la mémoire quel
est-il ? C'est nécessairement l'héritier, celui qui
représente le défunt, qui a pris sa place dans la
famille, dans la société, qui le plus souvent porte
son nom, qui a hérité de ses biens, de ses droits, qui
a revêtu sa personnalité, *qui sustinet personam*,
selon l'énergique expression romaine. »

Nous acceptons comme vraie, comme juste, cette
chaleureuse argumentation ; nous dirons avec M. le
conseiller Plougoulm, nous croirons avec la Cour de
cassation qu'on ne saurait trop encourager les nobles
sentiments de l'héritier qui, s'identifiant avec la
mémoire du défunt, prétend la défendre comme son
patrimoine, comme une portion de lui-même ! Mais,
pour consentir à exercer ainsi une violence sur les
textes, nous demandons d'abord que le mobile de
l'héritier soit pur et dégagé de toute pensée égoïste ;
en second lieu, que sa revendication ne porte pas
atteinte aux franchises de l'histoire.

S'agit-il de faits de la vie privée reprochés à un

(1) Dans le cas d'une erreur judiciaire, lorsqu'il y a lieu à
révision, l'art. 447 du Code d'Instr. crim. veut qu'un curateur soit nommé à la *mémoire* du condamné.

particulier, on ne peut dire qu'on lavera l'outrage fait à sa mémoire avec un procédé (l'action en diffamation) qui ne nettoie rien. Ce serait bien là le cas de garder le silence, et de ne pas étendre les dispositions d'une loi qui n'accorde le droit de plainte qu'à la personne directement lésée. Pourquoi vous montrer si susceptibles, quand la personne dont on outrage la mémoire eût peut-être méprisé l'insulte, ou dédaigné de se servir d'un moyen judiciaire qui n'aurait pu faire éclater la pureté de sa vie ?

Avec l'action en diffamation, ou l'héritier ne présentera qu'une défense incomplète du défunt, partant plus dangereuse que le silence ; ou bien il cachera, sous le masque vénérable du respect que l'on doit aux morts, l'irritation suspecte d'un propriétaire qui voudrait jouir des bénéfices d'une fortune mal acquise, sans souffrir de la honte qui s'y attache.

Nous voilà bien loin des hauteurs ou s'était placée la jurisprudence. Elle avait cru pouvoir violenter les textes dans l'intérêt de la morale ; et il se trouve qu'elle favorise une imprudence, ou donne des encouragements à la rapacité.

Ce n'est pas le seul reproche qu'on puisse lui faire. S'il s'agit de faits appartenant de près ou de loin à l'histoire, nous verrons que son système n'offre aucun moyen de concilier le respect que l'on doit aux morts avec celui qu'on doit à la vérité historique.

« C'est aux juges saisis de la plainte, dit un arrêt

célèbre (1), à apprécier si l'écrivain s'est renfermé dans les limites de l'histoire, ou si, au contraire, il a agi méchamment et dans l'intention de nuire. »

Examinons les deux principes qui ressortent de cet arrêt.

Premier principe : « Il faut que l'écrivain se renferme dans les limites de l'histoire. » Où commence l'histoire, où finit-elle? Quel juge sera donc assez fort, ou assez audacieux, pour oser le dire? Un homme peut faire de l'histoire, comme M. Jourdain faisait de la prose, sans le savoir. Le prisonnier cosaque, que Napoléon interrogea pendant la campagne de Russie en lui laissant ignorer son nom, ne fit-il pas, ce jour-là, de l'histoire sans s'en douter? L'histoire est partout aujourd'hui, dans la dernière des bourgades aussi bien que dans la ville la plus importante, dans la mansarde de l'ouvrier aussi bien que dans le palais du Corps législatif. On ne l'écrit plus pour placer sous les yeux de l'enfant une galerie de portraits mérovingiens, dont les figures n'étaient pas moins invraisemblables que la narration qui les encadrait. Elle ne consiste plus dans une série de biographies de rois fainéants. Elle s'inspire de tout et se préoccupe de tous ; telle délibération d'un con-

(1) Arrêt de la Cour de Paris du 14 août 1839, dans l'affaire des héritiers de Casimir Périer contre les gérants des journaux l'*Europe* et le *National*.

seil municipal de village lui paraîtra quelquefois plus importante qu'une ordonnance de François Ier. Tout homme à présent, même le plus humble, peut être appelé à jouer son rôle. Un maire, qui administre un groupe de cent maisons, ne fait-il pas de l'histoire à sa façon ? Ne doit-il pas des comptes à ceux qu'il administre ? Sa vie n'appartient-elle pas à l'examen de l'opinion ? Eh bien, nous voulons que l'honneur de cet homme soit sauf, nous voulons que sa mémoire soit respectée ; mais nous demandons aussi que, s'il a manqué à son devoir, ses enfants ou sa veuve ne puissent pas venir imposer silence à l'historien local et perpétuer, de par un jugement, une imposture d'outre-tombe.

Un maire est un fonctionnaire, dira-t-on, et la preuve des faits diffamatoires est permise contre lui. D'accord ; mais nous avons déjà montré combien il est facile à un fonctionnaire d'échapper à toute responsabilité par la tangente de la vie privée. D'ailleurs, que de particuliers, dont la vie touche à l'histoire générale ou locale, qui nous défendront, de par la susceptibilité de leurs héritiers, d'arracher le voile qui couvre leurs actes ! Un obscur soldat, par sa trahison ou par sa lâcheté, a causé la perte d'une bataille, un vulgaire entrepreneur s'est fait le complice de hauts personnages experts en concussions, vous croyez que, dans l'intérêt de la vérité historique, il vous sera permis d'exhumer ces faits honteux ? « Ne soulevez pas la pierre de cette tombe vénérée, s'écriera l'héritier ; au nom de la loi sur la diffamation, je vous arrête ! L'histoire n'entre pas ici (1) ! »

Second principe : « Il faut apprécier si l'écrivain a agi méchamment et dans l'intention de nuire. » Que deviendra l'histoire, si elle n'a pas le droit de prendre son bien partout où elle le trouve, même dans une satire, même dans un libelle ? Si les Romains avaient connu la loi sur la diffamation, les vers de Juvénal ne seraient pas arrivés jusqu'à nous ! Voici un libelle, un livre écrit avec méchanceté, dans l'intention de nuire ; cependant, il renferme la vérité, la vérité dite avec rage, avec haine, je le veux bien, mais enfin la vérité. Allez-vous condamner le livre avec l'auteur ? Alors, proclamez l'infaillibilité de vos tribunaux ; dites qu'ils feront le premier triage des pièces historiques et qu'ils ne laisseront aux Michelet, aux Thiers, aux Louis Blanc de l'avenir, que les matériaux qu'ils auront jugé bon d'expurger, quand il ne leur aura pas convenu de les anéantir !

(1) Vers le commencement de 1877, la Cour de cassation a confirmé un arrêt prononcé contre un journal de Limoges, qui avait simplement rappelé que le grand-père du demandeur avait fait partie, en 1793, d'un comité révolutionnaire. A propos de cette surprenante conséquence de la loi sur la diffamation, l'*Evénement* du 31 mars 1877 disait : « Cette jurisprudence présente l'inconvénient de supprimer à peu près complètement l'histoire, puisqu'on ne peut plus dire la vérité sur un personnage qui n'aura pris *aucune part à la puissance publique* sans encourir, de la part de la famille d'icelui, un procès qu'elle gagnerait sur toute l'échelle des juridictions. »

Si c'est à l'œuvre qu'on connaît l'ouvrier, c'est aussi dans leur application qu'on peut se faire une idée de la valeur des principes.

Un journal avait dit, d'un haut fonctionnaire, que « arrivé sans fortune à l'administration d'une grande cité, il avait su, dans de courtes années, ne pas mourir pauvre. » Et il avait ajouté : « Il faut que la postérité sache qu'il fut un temps où un homme intelligent pouvait, en quelques années, gagner plusieurs millions, et qu'il suffisait pour cela de mettre en pratique la maxime de Machiavel, sauf une légère variante : exproprier pour... » Où était la vérité ? Du côté de l'accusateur ou du côté de l'accusé ? Nous ne saurions le dire, pas plus que les magistrats qui ont condamné le journaliste à l'amende et à la prison en s'appuyant sur ce considérant (1) : « Que les droits de l'histoire ne peuvent consister que dans une critique loyale et de bonne foi, qu'il n'est pas permis de confondre avec des imputations malveillantes, faites de mauvaise foi, dans l'intention de nuire... » Ainsi, on ne permet pas à l'accusateur d'apporter de preuves à l'appui de son accusation ; on lui ferme la bouche avec des principes et, avec ces mêmes principes, on le déclare, quoiqu'il n'ait pu parler, de mauvaise foi.

Devant de pareils résultats nous n'hésiterions plus entre le respect dû aux morts et celui qu'on doit à l'histoire. L'attaque contre la mémoire d'un particulier ne serait qu'un malheur isolé ; l'étouffe-

(1) Sirey, 1869 — II, 2.

ment de la vérité serait une calamité publique. Il n'est même pas besoin de choisir. Que le législateur réalise le progrès que nous lui demandons, qu'il introduise dans nos codes une action en calomnie, qu'il oblige l'accusateur du mort à établir la vérité des faits qu'il lui reproche, et il saura satisfaire la pieuse vengeance de l'héritier, tout en réservant les droits sacrés de l'histoire. Hors de là, erreur et injustice !

On ne manquera pas de nous objecter que notre système n'a plus de raison d'être depuis la promulgation de la loi de 1881, dont l'article 34 a voulu garantir la liberté de l'histoire. Aujourd'hui, d'après cet article, le droit de l'héritier réclamant réside uniquement dans son intérêt personnel. Il ne saurait intenter une action que s'il se sentait lui-même frappé, atteint dans son honneur ou sa considération.

Cet article, qui a l'air d'apporter avec lui une grosse réforme, ne diminuera guère le nombre des cas où les héritiers auront le droit de conduire le diffamateur devant la Cour d'assises ou les Tribunaux correctionnels. Il est même probable qu'il n'aura le plus souvent pour effet que de donner lieu aux plus sérieuses difficultés, quand il s'agira de déterminer dans quelles circonstances les héritiers pourront valablement agir. Mais supposons qu'on ait reconnu leur droit et qualité. Est-ce qu'il y aura quelque chose de changé dans la procédure en matière de diffamation ? Est-ce que, devant les tribunaux correctionnels, les héritiers ne devront pas toujours, comme avant la loi de 1881, interdire la preuve et fermer la bouche à celui qui les aura accusés de payer leurs plaisirs avec la fortune mal acquise du défunt ?

Il n'est question ici, nous dira-t-on, que de simples particuliers. Mais nous avons suffisamment démontré combien est restreint le nombre des gens qualifiés *fonctionnaires* par la loi sur la diffamation. Que de personnes, qui sont mêlées à l'histoire, échapperont ainsi à la juste réprobation de la critique historique ! « Quelle leçon pourrait-elle nous donner, disait en parlant de l'histoire l'éloquent rapporteur de la loi de 1881, si la loi de la diffamation vient étendre son voile sur les morts pour les cacher à la postérité ? » Ce voile, malgré toute la bonne volonté de M. Pelletan, n'a pas été le moins du monde enlevé par le législateur de 1881 ; à peine a-t-il été déchiré en quelques endroits.

Il nous eût été facile de citer beaucoup d'autres arrêts ou jugements (1) qui auraient achevé de démontrer les inconvénients de la loi sur la diffamation et la nécessité de la compléter par une nouvelle action, capable d'assurer le triomphe de la

____

(1) Les années 1876 et 1877, si chargées de procès en diffamation, semblent avoir porté le dernier coup au système de la loi de 1819 en la montrant sous un jour nouveau. Entre les mains de certaines gens, cette loi est devenue en quelque sorte une spéculation, et si l'on n'y prend garde, on verra bientôt se former, comme l'a dit spirituellement Robert Halt : *la ligue des procès en diffamation historique pour la reconstitution de l'histoire, du respect et de notre bourse.*

vérité. Mais nous nous sommes contenté de choisir, parmi les périls qui menacent l'ordre social, ceux qui nous semblaient indiscutables. A moins que le danger de se faire justice soi-même ne soit considéré comme un motif de sécurité, à moins que le duel ne soit proclamé un moyen juridique, à moins que les entreprises des chevaliers d'industrie ne soient regardées comme un progrès financier, à moins que la suppression des documents historiques ne soit jugée nécessaire pour éclairer la marche de l'historien, nous pensons que les esprits les plus rétifs à toute idée de réforme daigneront maintenant reconnaître que la société n'est pas moins intéressée que les particuliers à la répression de la calomnie.

Elle y est surtout intéressée par la nécessité, qui s'impose de plus en plus impérieusement au législateur, de donner des garanties sérieuses à la liberté de la presse. « ... On doit être libre, disait Lanjuinais (1), de publier ses opinions par la voie de la presse, comme de parler aux passants, comme d'aller et de venir dans la voie publique. Ces deux libertés naturelles sont aussi nécessaires l'une que l'autre, quoique l'on puisse en abuser, comme on peut abuser de tout ce qui est permis. L'abus des écrits consiste à nuire à la société même, ou bien aux individus ; et il est punissable, si le genre ou l'espèce de l'abus se trouve prévu par les lois criminelles. »

Si le principe de la liberté de la presse paraissait

(1) Œuvres, tome 2, chap. VII.

déjà si important à l'époque où Lanjuinais écrivait
ces lignes, quelle idée s'en ferait-il s'il se trouvait
aujourd'hui en présence du suffrage universel ? Sous
le régime du suffrage restreint, une violence exercée
contre la liberté d'écrire ne portait au corps social
qu'un coup partiel, guérissable à la rigueur. Maintenant, sous le régime du suffrage universel, la blessure en s'étendant deviendrait mortelle. Jamais la
nécessité d'une nouvelle loi ne se présenta avec un
tel caractère d'urgence. Mais quelle devrait être
cette loi ? C'est ce que nous allons essayer de démontrer en nous inspirant de cette féconde pensée émise
à la tribune de la Convention, dans la séance du
4 fructidor an II, par Dubois-Crancé : « La loi contre les calomniateurs sera la garantie de la liberté
de la presse. »

DEUXIÈME PARTIE

La loi sur la presse ne devrait être qu'un
chapitre d'une loi contre la calomnie.

CHAPITRE Ier.

La loi devrait se borner à faciliter la répression des crimes ou délits de droit commun, commis par la voie de la presse.

Lorsqu'elle sort du droit commun, la loi ressemble aux fleuves qui s'échappent de leur lit ; elle cesse d'être un bienfait pour devenir un fléau. Telle a été jusqu'ici la législation sur, ou plutôt, contre la presse. Le temps est venu de supprimer les pénalités d'exception dont les pouvoirs despotiques s'armaient pour faire la guerre à la pensée. Car, s'il est une vérité aujourd'hui reconnue par tous les esprits de bonne foi, c'est que la publicité par le journal ou par le livre ne peut constituer ni un délit, ni un crime, mais servir seulement d'instrument de crime ou de délit.

Ce principe a été formulé en termes excellents par M. Louis Blanc, dans son discours de Marseille. « Et d'abord, a-t-il dit, il faut que, comme la conscience, la pensée soit libre. De quelle manière ? A moitié libre ? Libre aux trois quarts ? Non : tout à fait libre. Personne assurément ne demande pour la presse le privilége du mal ; mais ce qui importe, c'est qu'on ne crée plus contre elle une classe de délits particuliers frappés de pénalités spéciales. *C'est qu'il ne soit défendu de faire par elle que ce qu'il est défendu de faire en dehors d'elle et sans elle.* »

La question est ainsi parfaitement posée. Comment se fait-il cependant qu'avec un point de départ si bien déterminé, les hommes de bonne volonté, qui cherchent le moyen de discipliner la presse tout en lui accordant le droit d'écrire librement, s'égarent dès les premiers pas et lui concèdent trop, suivant les uns, pas assez, suivant les autres ? Pour ne citer qu'un exemple entre mille, nos législateurs, en élaborant la loi du 29 juillet 1881, ont certainement suivi un programme auquel tous les esprits libéraux doivent applaudir. Ils ont « réalisé, comme le dit excellemment M. Fabreguettes dans son *Traité des infractions de la parole*, ce double principe qui consiste : 1° à ne permettre aucune restriction antérieure aux publications, ce qui est le signe essentiel et constitutif de la liberté de la presse ; 2° à rattacher la répression des crimes, délits et contraventions commis par la presse à ceux de ces actes considérés par la loi comme des délits de droit commun. » Eh bien, malgré tout leur mérite, les législateurs de 1881 n'ont satisfait personne. Les uns, comme M. Fabreguettes, leur reprochent d'avoir été trop loin dans la voie de l'impunité, les autres ne leur pardonnent pas de s'être encore montrés trop rigoureux. Tout cela semble prouver qu'ils n'ont pu mettre au jour une œuvre viable. Leur projet vivra probablement ce que vivent les lois sur la presse, l'espace d'un matin, ou d'une législature ; ce qui est quelquefois la même chose. Une autre assemblée recommencera leur travail de Pénélope, en attendant qu'une nouvelle réunion de députés vienne tracer à son tour ses broderies sur ce vieux canevas législatif.

A quoi tient cette impuissance ? Comment s'expliquer que des hommes intelligents et sincères se condamnent encore à un travail stérile ? On était pourtant si près du but !

Sauf les éternels ennemis de la lumière, qui ne réclament hypocritement toutes les libertés que pour les étouffer lorsqu'ils sont arrivés au pouvoir, tous les bons esprits sont unanimes à regarder la liberté de la presse comme une liberté nécessaire. On ne veut plus lui imposer de limites ; on prétend, au contraire, lui accorder le droit de tout discuter, librement, impunément. Nul ne sera admis, simple particulier ou gouvernement, à lui dire : « Tu n'iras pas plus loin ! » Seul le Code pénal, avec ses délits ou crimes de droit commun, aura le pouvoir de l'arrêter.

Ceci posé, comment des hommes, qui partent d'un même principe, arrivent-ils à des conclusions si différentes ? Est-ce défaut de logique ? Non ; toutes ces discordances, toutes ces contradictions tiennent à une lacune de notre législation. On invoque le droit commun, et c'est là que se trouve le vice radical ; c'est là qu'est la pierre d'achoppement ; c'est là qu'il faut introduire une réforme urgente, indispensable.

Supprimons en effet par la pensée tous les délits spéciaux contre la presse, créés pour les besoins de la politique, que reste-t-il ? L'injure et la diffamation.

Dans ce bon pays de France, où chacun est censé connaître la loi, il serait curieux de rechercher le chiffre minuscule de gens qui savent ce que c'est que la loi sur la diffamation. Le plus grand nombre aujourd'hui, se figurant que la réputation des citoyens est sauvegardée par nos codes, n'ont aucune idée de la confusion déplorable que l'on rencontre dans la loi de 1819.

D'après cette loi, le mot *diffamation* peut signifier une *calomnie* dans le sens vulgaire du mot, comme il ne peut aussi désigner qu'une médisance ; car la diffamation n'implique pas nécessairement la fausseté des faits. Elle laisse, dans tous les cas, planer un doute préjudiciable à l'honnête homme. En traduisant son calomniateur devant les tribunaux, celui-ci n'a pas le droit de forcer le misérable, qui l'a outragé, à échouer piteusement dans la preuve de faits méchamment imaginés. De même, le journaliste, qui signale un fait condamnable, se verra refuser l'autorisation d'apporter devant les tribunaux toutes les pièces qui plaideraient en faveur de sa bonne foi.

Sans l'introduction dans nos codes d'une instance en calomnie, la liberté de la presse ne sera donc jamais qu'un vain mot. Privé du bénéfice de la preuve, désarmé, menacé de procès sans nombre où il serait certain à l'avance de succomber, le journaliste n'osera pas jeter le cri d'alarme de la sentinelle qui veille au repos de l'Etat et à la sécurité des intérêts privés.

A notre avis, on ne sortira de toutes ces difficultés qu'en admettant ce principe que la loi sur la presse ne devrait être qu'un chapitre d'une loi contre la calomnie. Et que contiendrait ce chapitre ? Seulement les mesures nécessaires pour que la presse ne puisse pas se dérober à la responsabilité de ses actes.

En effet, la presse coupable a mille ruses pour échapper à celui qui lui donne la chasse. On croit la saisir, elle vous glisse entre les doigts ; on l'arrête, elle se retourne et, en perdant la liberté, mord encore la main qui la comprime. Pour triompher du reptile il faut, comme la Vierge dans sa lutte avec le serpent, lui écraser la tête. Mais, pour que cette exécution se fasse sans péril pour les individus et sans dommage pour la société, elle devra s'accomplir au grand jour. Dans cet état de choses la vérité serait sûre de vaincre. Le rôle du législateur se bornerait à fournir des armes à celui qui, gouvernement ou particulier, appellerait le calomniateur dans l'arène judiciaire.

La recherche du malfaiteur, qui se sert de la presse, sera certainement beaucoup plus difficile que celle du criminel qui emploie la violence ou se sert de fausses clefs.

Le législateur étant ici en face d'un coupable qui a mille ressources pour se déguiser et échapper à la répression, personne ne trouvera mauvais qu'il imagine une méthode nouvelle pour atteindre un procédé nouveau de faire le mal. Quelles gorges chaudes ne ferait-on pas d'un gendarme que l'on verrait poursuivre en charrette un banqueroutier, qui gagnerait la frontière en chemin de fer ? La loi ne serait pas moins ridicule si, pour réprimer les crimes ou délits commis par la presse, elle se contentait des procédés qui étaient en usage au moyen âge, avant la découverte de l'imprimerie.

Nous ne croyons pas cependant qu'au point de vue des garanties offertes à la réputation des citoyens, nous soyons aujourd'hui beaucoup plus avancés qu'au temps de Charles V. Seraient-ce les lois qui feraient faute ? Hélas ! Si l'on entassait tout ce qui, depuis seulement la moitié du seizième siècle, s'est produit d'ordonnances et de décrets contre la presse, on en dresserait un monument de papier capable de dépasser les tours de Notre-Dame ! Quand donc le bon sens révolté fera-t-il un feu de joie de tout ce fatras législatif, vieil arsenal où le despotisme ramasse, au moment opportun, les armes les plus rouillées pour en frapper ses contradicteurs ?

Avouons-le : les lois sur la presse ont été rarement inspirées par le respect de la vérité. Ce n'est pas l'écrivain qui ment qu'elles se proposent de poursuivre, mais l'écrivain qui déplaît. Le crime qu'elles veulent atteindre, c'est — comme le disait plaisamment Jérémie Bentham à propos du libelle — « quelque chose que ce soit, qui déplaise à qui que ce soit, pour quelque raison que ce soit. » Ouvrières complaisantes du pouvoir, elles s'ingénient à lui tisser une toile assez subtile pour que rien de ce qui l'importune, dans les bourdonnements de la presse, ne puisse échapper à la perfidie de ses pièges.

Quoique profondément gâtée par la préoccupation politique, l'œuvre du législateur français n'est pas tout entière à rejeter. Telle de ses dispositions préventives, en perdant son caractère d'entrave ou de vexation, préparerait utilement une répression légitime. Ce progrès a été réalisé par le législateur de 1881, qui a supprimé avec raison toutes les mesures préventives, ne conservant que celles qui lui ont paru nécessaires pour faciliter la poursuite des crimes ou délits. Dans son désir d'assurer la libre évolution de la presse, il a même admis sans restriction pour les journalistes le droit de publier leurs articles sans les signer.

Tout en reconnaissant la nécessité de l'anonymat, nous trouvons que, sur ce point, la loi de 1881 a manqué de prévoyance. Le journal est une tribune où toute réclamation honnête a le droit de se faire entendre ; mais il est aussi des orateurs qui, pour y monter, ne se sentent ni assez d'autorité, ni assez d'indépendance. Pour que ces voix utiles ne soient pas perdues, il faut que le journaliste de profession puisse s'en faire l'écho auprès du public. Il faut, en un mot, qu'il lui soit permis de recueillir les matériaux qu'on lui apporte en secret, de transformer les notes en articles et de publier les avis qu'on lui confie, avec la responsabilité de son nom et la garantie de son talent.

Empêcher cette mystérieuse collaboration, c'est fermer la bouche aux demandes les plus justes, aux avertissements les plus utiles. S'il est obligé de signer l'article où il se plaint des abus commis par son chef de bureau, quel est l'humble employé qui se montrera assez héroïque pour sacrifier la place, qui le fait vivre, à la défense d'intérêts généraux ? Il se taira. C'est probablement ce que voulaient les auteurs de la loi du 16 juillet 1850, lorsqu'ils rédigeaient leurs articles 3 et 4.

« Art. 3. — Tout article de discussion politique, philosophique ou religieux, inséré dans un journal, devra être signé par son auteur, sous peine d'une amende de 500 fr. pour la première contravention, et de 1,000 fr. en cas de récidive. — Toute fausse signature sera punie d'une amende de 1,000 fr. et d'un emprisonnement de six mois, tant contre l'auteur de la fausse signature que contre l'auteur de l'article et l'éditeur responsable du journal.

« Art. 4. — Les dispositions de l'article précédent seront applicables à tous les articles, quelle que soit leur étendue, publiés dans des feuilles politiques ou non politiques, dans lesquels seront dis-

cutés des actes ou opinions des citoyens et des intérêts individuels ou collectifs. »

De pareilles dispositions ne pouvaient que désor-
ganiser les journaux en leur enlevant tout caractère
collectif. Cependant les journalistes, dans la pratique, surent écarter, avec autant d'adresse que de
courage, le bâillon que prétendait leur mettre le
législateur de 1850. Les magistrats eux-mêmes,
comme cela arrive presque toujours quand ils sont
en face de mesures trop rigoureuses, fermèrent les
yeux et appliquèrent rarement des dispositions qui
leur paraissaient inexécutables. Tout n'était pas
cependant absolument mauvais dans cette loi de 1850.
Un législateur, qui voudrait sincèrement la liberté
de la presse, pourrait en retenir le principe de la
responsabilité de l'écrivain, à la condition d'ajouter
que celui-ci ne serait responsable que des crimes ou
délits qu'il aurait commis.

Il est clair, en effet — quoique la loi de 1850 ne
l'ait pas voulu voir — que l'on ne saurait être soumis
à une pénalité pour un article où le Code pénal ne
trouve aucune matière à poursuite. Sans cela, vous
en arriveriez à cette conséquence ridicule que vous
interdiriez la modestie elle-même. Tel homme, qui
peut avoir une communication importante à faire,
n'aimera pas à sortir d'une obscurité qui lui est chère
pour livrer son nom à la publicité. Ne lui permettrez-
vous de se rendre utile qu'à la condition, qui lui
répugne, de se mettre en vue? Eh bien, convenez
avec nous qu'il ne doit être porté atteinte au grand

principe de l'anonymat de la presse que dans le cas où il s'agit d'empêcher l'impunité d'un coupable.

Ce qu'il faut poursuivre, c'est la diffamation et la calomnie. Et, pour en atteindre les auteurs, il ne sera jamais nécessaire de rendre la signature des articles obligatoire. Quand une poursuite aurait lieu, soit d'office, soit sur la plainte d'un particulier, le gérant du journal, d'abord mis en cause, serait tenu de révéler le nom du véritable auteur de l'article. S'il s'y refusait, il serait condamné aux mêmes peines que s'il eût écrit lui-même l'article incriminé. Avec l'emploi de fortes amendes, on arriverait ainsi, en peu de temps, à ruiner le journal qui serait tenté de donner asile à des correspondances criminelles.

Ici nous nous séparons complètement de la manière de voir du congrès des journalistes, réunis à Brême le 22 juin 1875. Ceux-ci voudraient que « du moment où un rédacteur pourrait être arrêté en vertu de la loi sur la presse, il n'y eût pas lieu de chercher à découvrir d'autres coupables, de contraindre qui que ce soit à révéler, par la voie du témoignage, le nom de l'auteur d'un article. »

Cette décision, si elle passait dans notre code, amènerait des abus intolérables. Les journalistes, qui tiennent boutique de mensonges et d'outrages, ne trouveraient que trop facilement des gredins complaisants, payés pour assumer sur eux la responsabilité des articles poursuivis. Pour que la loi soit respectée, il faut que la sanction pénale atteigne le véritable coupable ; pour que l'honnête homme, odieusement attaqué, trouve une satisfaction suffisante, il faut qu'on le place en face d'un adversaire, sinon digne de lui, au moins capable d'éprouver quelque dommage ou quelque honte de la condamnation qui le flétrira. Le congrès des journalistes de Brême a si bien compris cette nécessité que, relativement au témoignage obligatoire, il a émis l'avis qu'il fût admissible pour le cas où l'article publié impliquerait la violation d'un secret professionnel. Pourquoi cette exception seulement? Pourquoi s'arrêter en si beau chemin, quand on est si près de la vérité? Un calomniateur de profession mériterait-il donc plus d'indulgence qu'un médecin qui aurait commis quelque indiscrétion ?

Il nous semble, pour nous résumer, que l'anonymat de la presse devrait être assimilé au secret des lettres. Quand il s'agit d'un crime ou d'un délit, le ministère public a le droit d'ouvrir les lettres ; quand il s'agirait d'un crime ou d'un délit commis par la presse, le ministère public aurait le droit de rechercher le nom de l'auteur de l'article. Ceci bien entendu, nous ne ferons aucune difficulté d'adopter l'excellente formule de la résolution votée par le congrès de Brême. « Le congrès des journalistes déclare que l'anonymat de la presse est un droit qui lui appartient de par une des plus hautes missions qui lui incombent, et qu'elle ne peut renoncer à ce droit que pour le cas où l'*anonymat* favoriserait l'impunité d'un coupable. »

CHAPITRE II

Mensonges et calomnies politiques.

Après avoir démontré victorieusement la nécessité
de la liberté de la presse « dont le prix est assez
indiqué à l'homme libre par la haine que lui portent
les partisans du pouvoir arbitraire, » Vincent Arnault (1) ajoutait cette sage observation : « La
liberté de la presse, par cela même qu'elle avertit
le fonctionnaire qu'elle menace, est donc dans les
vrais intérêts des ministres ; elle est dans les intérêts de tous, à commencer par les trompeurs ; elle
est surtout dans les intérêts des trompés, en tête
desquels je mets les rois, qu'elle ne sert pas moins
que les peuples... Les avis que transmet la presse
ne sont-ils pas également salutaires pour le souve-
rain ? Ne lui fait-elle pas connaître les véritables
rapports où il se trouve avec la nation, et la tendance de l'opinion ? quelque parti qu'il prenne, il le

(1) *Mon Portefeuille*, par Antoine-Vincent Arnault ; tome 2,
p. 412.

prend du moins en connaissance de cause. On ne gouverne pas sans danger un peuple qui se tait. Un bâillon n'est pas un mors. »

Arnault écrivait ces pages de bon sens en 1826, à une époque où les élections étaient encore entre les mains de quelques grands propriétaires. Que dirait-il aujourd'hui s'il voyait la nation tout entière appelée à régler ses destinées avec le suffrage universel? Ce n'est plus un prince qu'il s'agit de défendre contre quelques centaines de courtisans, c'est toute une foule, ce sont des millions d'hommes, la plupart sans instruction, qu'on devra protéger contre ceux qui ont intérêt à les tromper.

Aujourd'hui, le suffrage universel est debout. Plein de bonne volonté, il sait maintenant qu'il est majeur, mais il sait aussi qu'il est ignorant. Il déplore ses erreurs, il veut s'instruire, il veut suivre la bonne voie. Hélas ! qui la lui montrera ? Comme un voyageur, surpris par les ténèbres dans un carrefour, il demande son chemin. Et tous les partis, avides de cette proie, lui offrent leurs bons offices et se proposent de lui servir de guides. Qui donc l'arrachera à cette situation périlleuse ? Qui lui tendra loyalement la main? La presse, si elle est honnête. Le salut est là, là seulement. Le suffrage universel est et sera désormais la base de notre droit public. Le mutiler, ce serait soulever des colères aveugles; l'égarer, ce serait jeter la nation aux suçoires du césarisme. Il y a donc urgence de l'éclairer. Mais, pour l'éclairer, il est nécessaire que la presse soit libre ; et, pour que la presse soit libre, il est d'absolue nécessité qu'elle ne puisse mentir.

Le mensonge est si puissant qu'il peut induire en erreur, au moins pour quelque temps, les intelligences les plus cultivées. Quels ravages ne fera-t-il pas lorsqu'il sera distribué par milliers d'exemplaires dans les ateliers et dans les campagnes ! La foule est un enfant qui croit naïvement aux *histoires* qu'on lui raconte ; elle ne pèse, ne critique, ni ne juge ; elle ne retient que le fait, vrai ou faux. Elle sait si peu lire qu'elle s'incline encore avec respect devant les caractères d'imprimerie, comme un fidèle devant le symbole d'une force qui lui inspire une religieuse terreur. Pour elle ce qui est imprimé est vrai. « Ung homme de bien, disait ironiquement Rabelais dans son *Gargantua*, ung homme de bon sens croyt toujours ce qu'on luy dict et qu'il treuve par escript. »

Bien des gens pourraient s'imaginer que le progrès, depuis cette époque, à dû combler l'abîme de bêtise où pataugeaient les contemporains du curé de Meudon. L'abîme s'est peut-être légèrement rétréci, mais il est, hélas ! tout aussi profond. Qu'on se rappelle la déposition faite par M. Léon Renault, préfet de police, devant la commission d'enquête de la Chambre nommée pour rechercher les moyens de propagande du parti bonapartiste.

De ces révélations nous ne citerons que ce passage, aussi lamentable que caractéristique : « Les membres

des comités vont dans les villages, chez les notables
ou les paysans, colporter de maisons en maisons des
photographies du prince impérial. Lorsqu'une commune semble suffisamment saturée d'images, ils
envoient un de leurs agents, porteur d'une adresse...
Celui-ci se rend chez tous les habitants qui ont
reçu des portraits, auxquels il *persuade que c'était
un cadeau direct* du fils de Napoléon III, et qui en ont
décoré leurs maisons, non sans quelque orgueil à
l'idée qu'ils sont *personnellement connus du prince.*
Il leur demande leurs signatures au bas d'une adresse
représentée comme un acte de *remerciement* bien dû
pour une attention princière (1). »

On ne peut songer sans frémir aux dangers qui
menacent un pays où l'ignorance est si profonde, la
crédulité si grande. Mais, comment prévenir ou
arrêter les ravages que pourrait commettre une presse
mensongère ? Avouons-le tout de suite : avec notre
législation actuelle, avec notre loi sur la diffamation,
impossibilité absolue de combattre un tel fléau. Les
moyens extra-légaux eux-mêmes, les guets-apens
administratifs ne sauraient mener à bien ce travail
d'Hercule. Que faire donc pour réprimer les abus de
la presse sans porter atteinte à son libre exercice ?
Accepter franchement, sans arrière-pensée, le système de la preuve, c'est-à-dire tolérer l'erreur,
donner des moyens, non de réprimer, mais de con-

(1) Annexe du rapport Savary. — Déposition de M. Léon
Renault. — Séance du 25 janvier 1875.

6

fondre le mensonge, et créer un système sévère de pénalités contre la calomnie.

Il y a deux manières de tromper les hommes de bonne foi. Tantôt, pour discréditer un système, on dénaturera sciemment le sens de ses doctrines ; tantôt on calomniera l'homme, pour faire rejaillir sur les théories qu'il défend la boue dont on voudrait le salir.

Premier moyen. — On connaît la fameuse théorie des deux morales inventées pour justifier les coups d'Etat ou les désordres des princes. Grâce à cette casuistique, les membres des familles royales ou impériales, par un privilège spécial, peuvent « tuer, dérober, porter des faux témoignages, désirer la maison de leur prochain, etc., » sans être en contravention avec les règlements du *Décalogue*. Pour les rois, foudres de guerre, il est des accommodements avec le Dieu qui promulgue lui-même sa loi sur le mont Sinaï, au milieu des éclairs.

Quoique cette morale indulgente commence à se démoder, elle a laissé dans nos mœurs publiques une trace que les ambitieux, singes des têtes couronnées, renonceront difficilement à suivre. En général, chacun de nos hommes politiques se considère comme un seul être en deux personnes, dont l'une peut accomplir sans vergogne des méfaits que l'autre ne saurait commettre sans déshonneur. Ainsi, comme particulier, on rougirait de s'emparer du bien d'autrui, de prêter un faux témoignage, de manquer à sa parole, de travestir la vérité ; mais, comme homme public, on n'hésitera pas, dans l'intérêt de son parti, à recourir au mensonge, à oublier ses serments, à noircir un adversaire, à confisquer les biens d'un proscrit. La politique excuse tout ; en son nom toutes les iniquités se commettent audacieusement, en plein jour, le front haut. Entretenu avec soin par ceux qui en tirent profit, cet odieux préjugé vient empoisonner quotidiennement dans sa source le flot des journaux dont la presse inonde Paris et la province.

Deux exemples, pris au hasard, suffiront pour donner une idée des procédés qu'emploient certaines feuilles pour combattre les théories qui leur déplaisent. Veut-on empêcher le principe républicain de faire son chemin dans des esprits ignorants ou prévenus? On dira, de mille manières, que la République ouvre la porte à toutes les passions qu'on est convenu d'appeler subversives. Et lorsqu'on aura diffamé 92 avec 93, lorsqu'on aura chargé le pauvre bouc émissaire de toutes les infamies commises, en son nom, par les bandes anonymes que vomissent toutes les grandes éruptions populaires, on quittera le sol français pour chercher à l'étranger quelque gros mensonge qu'on jettera, comme un argument, à la tête d'une bourgeoisie affolée. C'est ainsi qu'à propos des événements d'Espagne un journal n'a pas craint de se faire l'éditeur irresponsable de l'entrefilet suivant :

« Aux environs de Badajoz, on est arrivé à la
« conséquence logique du principe républicain. Un

« alcade écrit officiellement au ministre de l'inté-
« rieur qu'il a procédé au partage des propriétés
« entre les habitants de sa commune, et que cette
« opération s'est faite avec l'ordre le plus complet.
« Dans quelques jours, nous apprendrons sans doute
« que l'on a fusillé quelques anciens propriétaires,
« suspects de regretter les biens dont la République
« les a dépossédés. »

Rien ne serait plus aisé que de confondre l'auteur de cette nouvelle à sensation. Tous ceux qui sont un peu familiers avec les lois espagnoles savent, en effet, que l'on ne songeait pas plus à Badajoz qu'ailleurs à procéder au partage des propriétés privées, mais qu'il s'agissait simplement d'achever la division des biens communaux, autorisée par la loi de 1854. Qu'importe ! On voulait simplement porter, à travers le gouvernement espagnol, une botte perfide à la République qui venait de naître en France. La blessure faite, on sait que nulle loi n'autorisera à en rechercher l'auteur. Ce n'est ni plus difficile, ni plus brave que cela !

Même feinte dans ce passage, reproduit, ou inventé, par un autre journal. « Un journal de
« Bruxelles, dit cette feuille, publie ce qui suit,
« dans sa correspondance parisienne : On est fort
« ému dans le monde de la presse de ce qui vient
« de se passer au parlement de Berlin. Vous savez
« qu'un député de l'opposition a formellement
« déclaré qu'une partie des fonds secrets de l'empire
« allemand était consacrée à acheter la complaisance

« de certains journalistes français. Cette déclaration
« a excité une vive curiosité en France. Sans vouloir
« accuser personne, je vous ferai remarquer qu'aucun
« des journaux de la gauche n'a protesté contre
« l'accusation dont la presse française s'est trouvée
« l'objet dans cette circonstance. » L'insinuation est
aussi claire qu'inepte. D'après l'auteur anonyme de
cette bonne calomnie, les républicains, qui ont fait
la guerre *à outrance* aux Allemands et qui n'ont été
arrêtés dans cette œuvre que par la couardise ou la
trahison, seraient les amis intimes et les serviteurs
salariés de M. de Bismarck ! Accusation stupide sans
doute ; mais, par cela même que c'est absurde, cela
a toute chance d'être cru.

A ce mal, quel remède ? Le droit de réponse. Un
journal ne se donne pas de réplique à lui-même. Ce
serait niaiserie de lui demander de s'exposer au
mépris des abonnés qui le lisent religieusement sans
prendre la peine de le contrôler. Mais personne n'est
nommé, personne n'est mis en cause ; qui répondra ?
Sera-ce le pouvoir qui, par l'organe d'un fonctionnaire, adressera au journal une sorte de communiqué ?
Non ; car le pouvoir — cela se voit — a quelquefois
tout intérêt à ménager l'erreur volontaire. Celui qui
devra répondre, c'est celui qui, quel qu'il soit, a
horreur du mensonge. On a jeté dans le public un
défi à la vérité ; aux champions de la vérité appartient exclusivement le droit de relever le gant et d'en
souffleter l'écrivain indigne.

On objectera que les journaux seraient inondés

de réclamations passionnées ou ridicules ? Erreur; nous demandons le droit de réponse avec garanties. Le journaliste pourra s'opposer à l'insertion, les tribunaux décideront. Alors les tribunaux seront encombrés de ces sortes d'affaires? N'en croyez rien. Avec un nouveau régime, les mœurs de la presse prendront un caractère nouveau. Tout en pratiquant le mensonge, on n'aime pas à être traité de menteur, et les journalistes qui mentent ont grand soin de parer leur mensonge. Ils savent que, si leurs abonnés se laissent volontiers conduire dans la discussion jusqu'aux confins de l'erreur qui flatte leurs opinions favorites, la plupart d'entr'eux ne verraient pas sans révolte qu'on les précipitât jusque dans la mauvaise foi. Lors donc qu'une main brutale pourra, de par la loi, saisir un de ces journalistes éhontés et, devant ses lecteurs, lui mettre le nez dans son mensonge, soyez certains que le coupable ne s'exposera pas légèrement à une nouvelle exécution.

Notre système, pourrait-on ajouter, exposerait les journaux à un envahissement perpétuel de champions de la vérité, qui se succéderaient les uns aux autres avec la prétention de confondre le mensonge en de meilleurs termes que leurs prédécesseurs. Cette objection n'est pas sérieuse, parce qu'il ne s'agit ici ni d'une opinion à contredire, ni d'une discussion à soutenir, mais simplement d'un fait à rectifier. Plus la réponse sera courte, meilleure elle sera. Quelques mots suffiront pour signaler le mensonge. En veut-on un exemple ? Pour discréditer la République, en prêtant des ridicules à un républicain, un journal écrivait :

« On nous affirme que la fille de M. Louis Blanc, qui a terminé son noviciat, va entrer définitivement chez les sœurs de Saint-Vincent-de-Paul.

« On nous affirme encore que M. Louis Blanc a l'air très satisfait de cette détermination et qu'il fait à sa fille de nombreuses visites quand il est à Paris.

« Ce qui n'empêche pas M. Louis Blanc de ne jamais perdre une occasion de se poser en ennemi des couvents, du clergé et de la religion. »

La *France* répondait le lendemain à cette méchanceté par ces simples mots : « M. Louis Blanc n'a pas de fille ! »

Voilà la réponse, telle que nous la demandons, nette, incisive, écrasante. Seulement, pour qu'elle produise son effet, il ne faut pas se contenter de la publier dans un journal d'opinion différente ; il faut qu'elle aille sous les yeux de l'abonné ou de l'acheteur du journal qui a édité le mensonge. C'est le public lui-même, si intéressé à ce qu'on ne falsifie pas la vérité, qui ferait ainsi la police de la presse, sans que le pouvoir intervînt. Est-il besoin d'ajouter qu'après une première rectification, le journaliste serait autorisé à refuser d'en insérer une seconde ?

Le droit de réponse, ainsi entendu, devrait s'étendre à toute publication de nouvelles fausses, de pièces falsifiées ou attribuées à des tiers. Ajoutons toutefois qu'il ne peut s'agir ici que de publications faites de mauvaise foi et capables, sinon de troubler la paix publique, au moins de porter à la vérité une sérieuse atteinte.

Deuxième moyen. — Nous avons vu comment on discrédite un système en dénaturant le sens de ses doctrines ; nous allons voir maintenant comment on s'attaque à l'homme pour discréditer ses principes.

On peut affirmer résolûment, sans crainte de se tromper, que le parti politique, qui emploie le moins la calomnie comme arme de combat, est celui qui marche vers le plus noble but, c'est-à-dire à la conquête du progrès. Qui a les principes pour soi n'a pas besoin de s'abaisser jusqu'à discuter les hommes. Les personnalités, les outrages, les propos mensongers sont les engins de polémique des mauvaises causes, de celles qui ne s'appuient que sur l'égoïsme et sur le privilège.

Or, qu'arrive-t-il dans un pays où la presse peut impunément noircir un homme sans que celui-ci ait les moyens de prouver victorieusement la pureté de sa vie et la loyauté de ses intentions? « En Amérique, dit le baron Auguste de Staël, la terreur qu'inspirent les journaux détourne quelquefois de la carrière publique des hommes qui, bien qu'ardents pour la cause de la liberté, redoutent pour eux-mêmes, ou pour leurs proches, le torrent des invectives du parti opposé au leur. »

Certes, nous ferions peu de cas de l'homme politique qui ne saurait recevoir, sans sourciller, les traits que pourraient lui lancer les condottieri inavoués et inavouables des partis. Celui-là qui affronte les tempêtes de la vie politique, celui-là, comme le matelot dont parle Horace, doit armer son cœur « d'un triple bronze. » Nous n'entendons pas ici plaider pour les pusillanimes. Que les timides restent au foyer; ils ne sont pas nés pour les luttes de la vie publique.

Toutefois, sans être faible, on peut justement s'effrayer à l'avance d'un combat où l'on se sent attaqué sans avoir les moyens de se défendre. Indignation n'est pas défaillance, et celui qui ressent le plus vivement l'outrage, comme un coursier qui se révolte contre l'éperon, fait preuve d'un cœur ardent et d'un sang généreux. Cette intelligence neuve, cette conscience vibrante, consentirez-vous à vous priver de ses services, à l'éloigner des affaires par un dégoût anticipé? En ce cas, vous seriez moins prévoyants que les grands esprits qui préparèrent la Constitution de 1791. En réclamant le système de la preuve, en demandant des peines sévères contre les calomniateurs, ils se proposaient moins de punir la calomnie que d'écarter les coquins des fonctions publiques, pour y appeler les honnêtes gens rassurés.

« Rien n'est plus propre à écarter des places les hommes corrompus, disait Pétion, que de les forcer à se montrer au grand jour; il n'y aura sur les rangs que les hommes qui, fiers de leur vertu, auront intérêt à chercher le grand jour et à s'entourer de l'opinion publique...

« Si on peut attaquer l'honneur des administrateurs par l'énonciation d'un fait vrai, disait Thouret, on n'a pas le droit d'attaquer leur honneur par une calomnie... Si cette loi ne fait pas partie de votre code constitutionnel, il est impossible d'avoir de bons administrateurs...

« Si vous exposez ainsi les officiers publics à être à tout moment calomniés, disait Dandré, n'est-il pas évident que vous n'aurez pour officiers municipaux, pour administrateurs et pour juges que les hommes qui n'auraient plus à rougir de rien... »

Et Rœderer ajoutait, en soufflctant d'un mot le projet de loi qui demandait le régime du silence :

« Quand Voltaire écrivit contre les abus des parlements, s'il avait été jugé d'après la loi qu'on vous propose, il aurait été puni comme calomniateur... C'est ici une coalition ministérielle que nous avons à déjouer... »

Cette coalition, ministérielle ou autre, dure encore.

S'agit-il d'une élection ? Pour empêcher l'adversaire d'arriver, on encombrera la voie qui mène au scrutin de mille insinuations perfides. Cette noble tactique fut employée impudemment lors de l'élection de M. Sénard en 1874. On ne craignit pas de l'accuser d'avoir entrepris le démembrement du territoire national, en prenant l'initiative de pourparlers avec le cabinet italien sur la rétrocession de Nice. Dans une lettre rectificative, dont il imposa la publication au journal qui le calomniait, M. Sénard démontra d'une manière victorieuse qu'il s'était occupé du mouvement séparatiste de Nice, non pour l'encourager, mais, au contraire, pour le réprimer par les moyens les plus rapides et les plus propres à en empêcher le retour.

Cette leçon, donnée par un homme loyal à un journaliste éhonté, pourrait à la rigueur paraître suffisante dans un temps où les ardeurs de la lutte électorale servent de circonstances atténuantes aux combattants peu scrupuleux. Mais, lorsque les boîtes de scrutin auront été refermées, lorsque le suffrage universel aura parlé, sera-t-il permis, pour se venger d'un adversaire ou dans l'espoir de changer son triomphe en défaite, sera-t-il permis d'essayer de traîner sa personnalité dans la boue? Cela se fait souvent, effrontément, avec impunité.

On se rappelle peut-être les insultes rétrospectives que certains journaux adressèrent au docteur Turigny, après son élection dans la Nièvre. Un journal de Nevers déclara, quand le résultat du scrutin fut connu, que l'élection serait annulée parce que M. Turigny avait été *condamné par la cour d'assises*. Se taisant sur la nature de la condamnation, le journal laissait charitablement supposer à ses lecteurs que le nouvel élu avait été condamné pour un crime de droit commun. Le docteur Turigny obligea l'honorable feuille à publier une lettre dans laquelle il expliquait avec dignité qu'il n'avait encouru la prison que pour délit de presse.

Seulement, combien de lecteurs se sont dispensés

de lire cette réponse, ou, l'ayant lue, n'ont pas cru l'auteur sur parole ! Le droit de réponse, sans jamais réparer complétement le mal, peut être employé utilement quand il s'agit d'une attaque qui ne fait qu'effleurer la réputation ; mais, lorsqu'on se trouve en face d'une de ces insinuations qui blessent l'honneur et frappent, à travers la victime, tout un parti, il serait indispensable de démontrer au grand jour de l'audience la perversité de l'adversaire. On ne discute pas avec la calomnie, on l'écrase du poids d'un jugement !

Hélas ! ce jugement, comment l'obtenir et dans quelles conditions ? Se résignera t-on à se servir de la loi sur la diffamation, une loi qui ne permet pas la preuve ? Le docteur Turigny ne l'a pas voulu, et M. Frédéric Thomas, indignement outragé, comme lui, après son élection au Conseil général du Tarn, a dédaigné aussi l'emploi d'un duel juridique qui ne saurait, dans aucun cas, donner satisfaction à un honnête homme. « Les procès en diffamation ont deux grands torts, écrivait-il à ce sujet au *Patriote albigeois*. Le premier, d'interdire le compte-rendu des débats, et le second, de ne pas se prononcer sur l'exactitude ou le mensonge des faits allégués. Ils se contentent d'examiner si ces faits, vrais ou faux, sont de nature à porter atteinte à l'honneur et à la considération du plaignant. De telle sorte que le gain de tel procès ne prouve pas que celui qui le perd ait menti. Or, c'est précisément cette démonstration qu'il importe à tous les honnêtes gens de faire ; si mon adversaire est de bonne foi, il acceptera cette épreuve que je lui offre. Dès aujourd'hui, je propose à celui que je tiens pour un calomniateur de comparaître, tous les deux contradictoirement, devant un jury d'honneur, composé par nos concitoyens qui sont nos juges naturels ; soit devant une réunion publique ou privée, la plus nombreuse possible, chargée par nous de prononcer une sentence sur laquelle sera donnée toute la publicité désirable. »

Le journaliste, qui avait insulté M. Frédéric Thomas, s'est naturellement bien gardé d'accepter le combat extra-judiciaire qu'on lui proposait. On n'aura raison des calomniateurs, d'où qu'ils partent, qu'avec de bons arrêts ou jugements. Les jurys d'honneur ne sont qu'une ressource désespérée, partant inutile. Ce qu'il faut, c'est la création d'un tribunal où l'on pourra introduire une instance en calomnie, comme on introduit aujourd'hui une instance en diffamation devant les tribunaux correctionnels ou la cour d'assises.

Remarquons toutefois que cette innovation serait tout-à-fait insuffisante si elle ne fournissait des moyens de défense qu'à l'homme *directement* attaqué. Nous l'avons déjà dit et nous le répétons encore, la calomnie ose rarement attaquer son ennemi en face. Comme les fauves, elle se cache pour guetter sa proie, et ne signale sa présence que par des coups que l'on ne saurait parer. Une législation, qui ne pourrait ou ne voudrait déjouer ses ruses, serait dans la plupart des cas condamnée à l'impuissance.

En effet, lorsqu'on n'a pas l'audace de discréditer un parti en outrageant directement un de ses représentants, on laisse planer les plus odieux soupçons sur toute une catégorie d'hommes politiques. C'est une guerre souterraine. L'ennemi invisible frappe dans l'ombre, protégé par le silence de nos lois.

Un exemple entre mille. On sait que la commission du 4 septembre a fait une enquête sur les événements qui se sont accomplis à Marseille, à la fin de 1870, l'*année terrible*, comme l'appelle si justement Victor Hugo. Dans cette affaire, tous les témoignages n'ont pas eu pour but d'éclairer la justice. Quelques-uns, en essayant de salir certains républicains, se proposaient de discréditer le gouvernement républicain. Tel fut le témoignage du sieur N..., ex-colonel de la garde-nationale de Marseille. Sommé par quelques citoyens énergiques de rétracter ses vagues accusations ou de désigner personnellement un coupable, il aima mieux retirer ses paroles compromettantes... pour lui ; il poussa même l'humilité jusqu'à confirmer publiquement sa première rétractation devant M. Daru et M. de Sugny, rapporteur de la commission du 4 septembre.

Voici l'extrait du procès-verbal de cette curieuse séance :

« *M. le président Daru* au colonel N... — Je vous invite à rédiger vous-même, par écrit, la réponse que vous entendez faire aux deux questions suivantes que je vous pose :

« 1° A qui s'applique, dans votre pensée, le passage de votre mémoire sur lequel nous avons appelé votre attention ?

« 2º Quelles sont les personnes dont la fortune a scandalisé Marseille ? Pouvez-vous les indiquer et donner des preuves à l'appui de votre assertion ?

« Le colonel N... se retire dans une salle voisine et en rapporte bientôt, écrite de sa main, la réponse suivante :

« Vous me demandez si je prétends appliquer à telle ou telle personne les assertions vagues et générales qui sont contenues dans mon mémoire. Non ! je ne saurais les appliquer à personne. Je me suis fait l'écho des bruits qui circulaient, et je les ai transmis à la commission, sans y attacher d'importance. »

Laissant de côté ce qu'il y a d'odieux dans la conduite d'un témoin qui *charge provisoirement, sans y attacher d'importance,* nous ne voulons retenir de cet incident que le danger qu'il y aurait pour l'Etat de tolérer qu'on proposât ainsi, sans coup férir, à la haine des partis toute une classe de citoyens. Nous ne demandons ni l'emprisonnement, ni même une simple condamnation à l'amende. Nous demandons seulement que le menteur soit obligé de confesser publiquement son mensonge en toute occurrence et sans qu'on attende, pour obtenir cette réparation morale, le hasard d'une enquête parlementaire.

CHAPITRE III

Attaques directes contre les actes de la vie privée.

Les calomnies politiques sont, par rapport aux
calomnies privées, dans la proportion de 1 à 100.
Cela se comprend. Pour sortir de l'étroit horizon
d'une loge de portier, pour dédaigner les commérages
d'arrière-boutique ou de salon, pour porter son regard au-delà de ses voisins, pour s'intéresser aux
affaires publiques, pour s'attaquer à l'idée plus qu'à
l'homme, il faut avoir en soi la faculté de penser.
L'habitude de la médisance, comme le dit très-bien
de Bignicourt, dans son livre *l'Homme de Lettres et
l'Homme du Monde*, est la manie de ceux qui ont peu
d'idées. *Rari nantes in gurgite vasto*, écrivait Virgile
pour peindre le petit nombre de matelots qui échap-
paient au naufrage ; cette image s'appliquerait, avec
encore plus de vérité, au petit nombre d'intelligences
qui surnagent sur un océan de bêtise. Que de conversations ineptes et odieuses pour un entretien élevé
et loyal !

Il est vrai toutefois que, dans les propos qu'on

tient contre la réputation d'autrui, il entre autant de méchanceté que de sottise. « Tu prêtes une oreille crédule à la calomnie, écrit Ménandre ; tu as donc un méchant cœur ou la simplicité d'esprit d'un enfant... » Le grand comique est ici trop indulgent ; car il n'y a pas de distinction à faire. La calomnie se produit toujours avec la collaboration de la malveillance et de la crédulité. Il ne faudrait pas croire que les imbéciles, dont les calomniateurs proprement dits se servent pour mettre leurs mensonges en circulation, soient aussi inoffensifs que les véhicules qu'on emploie en pharmacie pour incorporer les poisons. Ils ont une notion suffisante du mal qu'ils font, et ils l'accomplissent avec d'autant plus de joie que leur vilain plaisir n'est que rarement troublé, dans l'état actuel de nos lois, par la perspective menaçante d'une pénalité.

Qu'adviendra-t-il donc lorsqu'une presse indigne, spéculant sur ces grossiers appétits, jettera tous les matins à la foule, comme on jetait les chrétiens aux bêtes, quelque réputation d'honnête homme à déchirer ? Imiterons-nous la naïveté de cet orateur anglais, M. Vicesimus Knox, qui, dans un discours du 3 février 1749 devant le Parlement, adjurait le public de refuser ses faveurs aux pamphlets et aux journaux scandaleux, comme le meilleur moyen de détruire les abus de la presse sans porter atteinte à sa liberté ?

Plein de bonnes intentions — il faut en convenir — l'orateur n'avait que le tort de faire un sermon.

Le législateur ne doit pas prêcher, mais agir. Comme l'enfant, qui va plus volontiers au mal qu'au bien, le public a de mauvais instincts. Prêtant une oreille attentive au journaliste qui ment, il se laisse médiocrement séduire par la voix de celui qui lui promet la vérité sans scandale. Il est donc de toute nécessité de mettre le grand enfant en garde contre ses tristes penchants. Et ce but, le législateur ne l'atteindra qu'en faisant promulguer de sévères dispositions contre les journaux qui, jusqu'ici, ont exercé impunément leur brigandage sur le terrain de la vie privée.

Hâtons-nous de dire que notre projet n'a rien de commun avec l'amendement Guilloutet, de plaisante mémoire. Le fameux article 11 de la loi de 1868 se proposait d'élever entre la presse et la vie privée un mur infranchissable. Nous proposons, au contraire, d'abattre cet obstacle ou, du moins, de l'abaisser assez pour que les journalistes honnêtes puissent l'enjamber sans risques, pas assez pour que les malfaiteurs de la presse puissent en faire l'escalade sans danger.

Et d'abord que faut-il entendre par la vie privée? La loi de 1868 n'a pas daigné nous fixer le sens qu'elle attribuait à ces mots. De là autant de manières d'interpréter son texte qu'il y aura de manières de ressentir une injure.

Le cœur humain de qui? le cœur humain de quoi? disait plaisamment Alfred de Musset dans *Namouna*. Ne pourrait-on pas dire aussi au législateur : « La vie privée de qui ? la vie privée de quoi ? Chacun à sa façon de la comprendre. »

Cela ne tirerait guère à conséquence s'il n'y avait, au bout de l'interprétation, la possibilité d'une condamnation. Il est vrai que le ministre de la justice a bien voulu suppléer au mutisme de la loi par une circulaire du 4 juin 1868. « Par *actes de la vie publique*, dit-il dans cette circulaire, il faut entendre ceux qui ont été faits, non pas seulement dans l'exercice d'une fonction publique, mais encore, dans l'accomplissement d'une mission qu'on se donne, ou d'un rôle qu'on s'attribue dans l'industrie, les arts, le théâtre, etc., si cette mission et ce rôle appellent les regards et l'attention du public. »

Voilà qui est juste, raisonnable et bien dit. Mais, malheureusement, une circulaire n'a que la valeur d'un conseil, et l'on sait trop bien que les conseils sont plutôt l'affaire de ceux qui les donnent que de ceux qui les reçoivent. Nous ne prétendons pas cependant que les sages recommandations du ministre n'aient jamais été écoutées ; nous tenons seulement à prouver que certains tribunaux ont fait la sourde oreille à l'avertissement du garde des sceaux. N'y eût-il d'ailleurs qu'un jugement rendu contre l'esprit de cette circulaire que cela suffirait à démontrer le peu de garantie que les justiciables en doivent attendre.

Exemple : Dix-sept personnes de Semur, désignées nominativement par l'*Echo de l'Auxois* comme s'étant rendues au pélerinage de Velars, avaient invoqué contre le journaliste la loi Guilloutet, prétendant que le fait d'assister à une procession dans les rues était un acte de la vie privée. Le tribunal de Semur leur a donné raison.

« Nous nous inclinons devant le jugement rendu, écrivait à ce propos M. Sarcey dans le *XIXe Siècle* du 1er décembre 1873 ; mais nous ne pouvons nous empêcher de penser qu'une loi en vertu de laquelle un semblable arrêt est possible, est une loi mal faite, et qu'il faut la changer. Nous avions bien prévu jadis que la loi, qui est connue sous le nom de loi Guilloutet, pourrait avoir dans l'application des conséquences surprenantes et fâcheuses. Nous n'aurions jamais soupçonné qu'elle autorisât à regarder comme une atteinte à la vie privée le fait de désigner par son nom, dans le journal, une personne qui aurait figuré publiquement à une cérémonie publique, en compagnie de prêtres honorables et sous la conduite d'un évêque... Nous ne cesserons de demander qu'une loi, dont les extrêmes conséquences paraissent si fort en contradiction avec les données ordinaires du sens commun, soit ou abrogée ou rédigée de façon plus claire. »

Aidons-nous de cet exemple, pour indiquer les limites que le bon sens et la bonne foi semblent déterminer entre les actes de la vie privée et ceux de la vie publique.

Dans la société tout homme joue deux rôles, quelquefois très distincts, le plus souvent complexes, et assez difficiles à débrouiller : l'un qui intéresse directement ses concitoyens, l'autre qui leur est, comme membres d'une même communauté, tout à fait indifférent. En un mot tout citoyen, même le plus humble, a sa vie publique tout autant que le plus haut fonctionnaire. Cela est si vrai que le magistrat, à un moment donné, a le droit et le devoir de franchir le seuil domestique pour jeter un regard scrutateur jusqu'au centre du foyer, asile inviolable de la vie privée. Et ce double rôle chacun de nous le remplit à tout instant, comme père, comme époux, comme fils, même comme croyant.

Oui! la foi elle-même — cette chose si intime qu'elle semblerait par sa nature devoir se dérober à tout contrôle — la foi, quand elle sort du sanctuaire de la conscience, pour se manifester au dehors, n'échappe pas et ne doit pas échapper à cette loi sociale qui transforme un acte de la vie privée en acte de la vie publique. Assister à une procession dans l'intérieur d'une église ou d'un temple constitue, à n'en pas douter, un acte de la vie privée ; mais assister à une procession dans la rue constitue, à n'en pas douter, un acte de la vie publique. Comme simple particulier, auriez-vous le droit d'interrompre la circulation des voitures? comme simple particulier, auriez-vous le droit d'occuper le milieu de la voie, de refouler les passants sur les trottoirs? Toute procession faite en dehors des églises, même sans qu'il s'y mêle quelque arrière-pensée politique, a donc le caractère d'un acte public.

Mais laissons de côté ces arguments et posons cette

question à la loyauté des fidèles. Vous qui croyez sincèrement, à côté de la joie intime que vous goûtez à sortir du temple pour prier sous la voûte du ciel, n'y a-t-il pas dans le fond de votre cœur un pieux désir de propagande? Cet encens, ces bannières, ces chants, cette pompe, tout cela est-il fait seulement pour vous? Avec vos mains jointes, votre marche recueillie au milieu du bruit de la rue, ne semblez-vous pas adresser un appel aux incrédules, ou aux indifférents qui vous regardent? Ne semblez-vous pas leur dire : « Croyez, priez comme nous! » Et, au lieu d'être fiers d'affirmer ainsi publiquement votre foi, vous iriez nier, devant les tribunaux, que vous ayiez eu l'intention de vous donner en spectacle !

Quoique la question laisse un doute dans l'esprit de certains juges, nous pensons bien que le lecteur est convaincu, comme nous, qu'une procession dans la rue constitue un acte de la vie publique. Et, ce premier point acquis, il nous sera facile d'en tirer la règle à suivre en matière religieuse. Tout exercice d'un culte qui se manifeste dans ses conditions normales, c'est-à-dire soit dans une église, soit au foyer domestique, échappe à la discussion par la voie de la presse. Mais, que le ministre d'une religion quelconque fasse placer, le soir, — comme cela s'est vu, — devant la porte de son église, des transparents couverts d'images et de légendes ; qu'un particulier attache des bannières à son balcon, ou suspende à ses fenêtres des tableaux qui symbolisent ses croyances, il serait difficile d'admettre que ces exhibitions n'aient pas le caractère d'actes de la vie publique et que, par suite, ils n'appartiennent pas à la critique.

Puisque, dans l'ordre des phénomènes de conscience, il n'est pas impossible d'établir de justes limites entre la vie publique et la vie privée, les nuances devront être encore beaucoup plus saisissables dans le domaine des faits positifs. Suivant le baron Auguste de Staël, il n'y a pas d'Anglais qui ne se considère, en mille circonstances, comme un homme public :

« Est-ce un propriétaire retiré à la campagne, au
« sein de sa famille ? quelque étranger qu'il veuille
« rester à la politique générale, il ne pourra refuser
« de s'occuper de l'administration de sa paroisse ou
« de son comté ; il sera membre de quelque associa-
« tion agricole ou industrielle ; il prendra part à
« quelque réunion philanthropique ; dès lors, ses
« voisins, ses collègues, auront droit à juger sa con-
« duite, et ce jugement sera recueilli dans les
« journaux. Est-ce un homme à la mode, ne courant
« qu'après les plaisirs frivoles ; il sera commissaire
« d'un bal, arbitre d'un pari, juge d'une course de
« chevaux ; par cela seul, il devient justiciable du
« public, qui a été témoin de ces divertissements ;
« il ne peut échapper à l'omniprésence de la presse,
« et si la vanité de l'homme du monde a quelque-
« fois à en souffrir, la conscience du citoyen s'en
« épure et s'en affermit (1). »

(1) *Lettres sur l'Angleterre*, par le baron Auguste de Staël, t. III, p. 147.

Ce que le baron de Staël dit des Anglais ne saurait-il donc s'appliquer chez nous à tout homme qui, sans appartenir au monde des *fonctionnaires*, prendrait part à une œuvre capable d'intéresser une classe quelconque de citoyens? Ouvrir, par exemple, une souscription pour une expédition scientifique, favoriser le développement de l'agriculture, de l'industrie, des arts, etc., n'est-ce pas, même pour un particulier, faire un acte de la vie publique?

Quel que soit le nombre des espèces, pour qui est de bonne foi, leur classement sera facile. Ainsi, qu'un écrivain publie un livre, il n'aura pas à se plaindre des critiques de la presse, même des plus injustes ; mais qu'il se contente de lire son manuscrit à des amis, aucun journal n'aura le droit d'en parler, ni en bien ni en mal, sans son autorisation. Un particulier se promène-t-il tranquillement dans la rue, sa promenade devra échapper à toute publicité ; mais lui plaît-il d'attirer l'attention de la foule par un costume ou des discours excentriques, tout journaliste aura le droit de le signaler à ses lecteurs. Telle serait la règle, règle de bon sens et qui, pour être appliquée, ne demanderait qu'un peu de jugement et beaucoup de loyauté.

Nous voilà loin, bien loin du fameux amendement Guilloutet. De cette disposition législative il y avait pourtant quelque chose d'excellent à retenir. Mais il faut tout craindre des gens qui se font des lois à leur taille, comme on se fait faire un habit sur mesure. Leurs présents ressemblent à ceux dont parle le poète latin : *Timeo Danaos et dona ferentes;* ce sont de petits cadeaux qui entretiennent plutôt la guerre que l'amitié. L'opposition de 1868 n'en fut point dupe. Il arriva même que l'un des sénateurs du second empire, M. Sainte-Beuve, ne craignit pas de dire, à cette occasion, de dures vérités au pouvoir, dans la séance du sénat du 7 mai 1868.

« ... Littérateur avant tout, laissez-moi en venir à cet (1) article 11 qui s'est introduit comme *in extremis* dans la loi et qui, dans sa forme absolue, a paru porter particulièrement atteinte au libre exercice de la critique et de la littérature... Cet article me paraît une garantie assurée sans doute contre l'indiscrétion des écrits, mais une garantie qui sera tout à l'appui et en faveur du dérèglement des actions... »

« Aux yeux du moraliste, cet article inscrit dans une loi paraîtra un jour bien digne d'une époque où ceux qui respectent le moins la règle des mœurs, qui sont les plus habitués à manquer aux devoirs de la famille, à préférer constamment la mauvaise compagnie à la bonne, à violer les convenances et à friser le scandale, qui semblent même les plus disposés par moments à s'en faire gloire avec fatuité, sont en même temps les plus jaloux d'être soustraits à la

---

(1) L'article 11 ainsi conçu et adopté : « Toute publication dans un écrit périodique relative à un fait de la vie privée constitue une contravention punie d'une amende de 500 fr. La poursuite ne pourra être exercée que sur la plainte de la partie intéressée. »

médisance publique et se montrent les plus offensés si la chronique les effleure.

« Vous voulez parer à un scandale ; mais avez-vous songé au scandale contraire ? Prenez garde ; l'article, s'il est rigoureusement appliqué, revient à ceci : Quiconque voudra s'afficher, le peut désormais impunément. On ne songe, me direz-vous, qu'à faire la guerre aux petits journaux, à la chronique impertinente qui s'est démesurément développée et qui foisonne. Mais cette chronique, qui donc plus que vous, plus que le régime actuel, a contribué à la favoriser, à la mettre sur le premier plan, à lui dresser un piédestal ? Quand on supprime ou qu'on gêne la discussion sérieuse, on donne libre essor aux distractions futiles... Quand on aura retiré à une nation spirituelle la permission de rire tout haut et de se moquer publiquement, l'honnêteté y gagnera peut-être, mais la sottise aussi, bien certainement. Apparemment, on nous jugeait déjà trop athéniens comme cela ; l'article de la loi nouvelle y mettra bon ordre... L'abbé Cottin ou Chapelain pourraient faire condamner Boileau pour contravention ; car enfin Boileau a parlé de la perruque de Chapelain, et qu'est-ce qui est plus de la vie privée qu'une perruque ?... »

Cet amusant persifflage de Sainte-Beuve met impitoyablement à nu la pensée qui avait inspiré l'article 11 de la loi de 1868. Sous prétexte de défendre la vie de famille, on voulait tout simplement anéantir la petite presse qui faisait aux personnages du second empire une guerre de francs-tireurs. Cependant, comme nous l'avons dit, tout n'était pas à rejeter dans cette disposition législative. Sous l'intention, qui ne valait rien, se cachait un principe qui était excellent. Cette innovation avait été d'ailleurs indiquée en de très bons termes par M. Josseau, au corps législatif, dans la séance du 11 février 1868. « A côté de ces attaques à l'honneur et à la considération, les seuls qui soient réprimés, n'y a-t-il pas un autre genre d'attaques? n'y a-t-il pas ces récits malveillants, ces railleries incessantes et variées sur des faits appartenant essentiellement au domaine de la vie privée?... Est-ce que ces sortes de divulgations *intéressent en quoi que ce soit la société?* »

Nous ne voulons pas savoir si, en se faisant le champion de l'amendement Guilloutet, M. Josseau, partisan de l'empire, entendait plaider *pro domo* ; nous ne voulons retenir ici que les excellents termes d'une proposition qui nous semble déterminer nettement les limites que la nature même des choses impose à la presse : « Est-ce que ces sortes de divulgations intéressent en quoi que ce soit la société? » En effet, ou la presse a une mission sociale, ou elle n'est qu'une misérable spéculation. Si elle a une mission, cela ne peut être que celle qui consiste à veiller sur les intérêts publics. Public et publicité, deux mots qui se tiennent et s'associent étroitement sans permettre à une autre idée de se glisser entre eux. Tout ce qui n'est pas d'intérêt public ne saurait appartenir à la publicité. Hors de là, commérages, médisances, diffamation, calomnie, en un mot commerce de scandales.

Ne voit-on pas, d'ailleurs, ce qu'il y aurait de révoltant à laisser la presse franchir le seuil du foyer domestique sans l'autorisation du chef de famille? Que ceux qui ont le goût des indiscrétions, qui aiment le bruit, la publicité, soient libres de faire appel aux journaux, dont le trafic consiste à exploiter l'amour-propre des ambitieux et l'orgueil des parvenus. Mais, respect aux délicats! Respect à ceux qui préfèrent les joies intimes de la famille aux satisfactions bruyantes d'une vanité qui s'étale! Ce n'est pas au moment où la presse devient canca-nière, où les boursiers enrichis et les charlatans de la politique attachent un reporter à leurs pas pour apprendre aux abonnés de certains journaux quelle fut, à tel bal, la toilette de leur femme ou de leur fille; ce n'est pas à cette heure qu'il faudrait armer la presse d'un droit qui ne tendrait à rien moins qu'à lui permettre d'entrer hardiment dans des intérieurs, que la modestie avait jusque-là protégés contre les investigations d'une publicité éhontée.

Toutefois, avant de défendre aux journalistes de pénétrer sur le terrain de la vie privée, le législateur devra définir clairement ce qu'il entend par actes de la vie privée et par actes de la vie publique. Dans la circulaire du 4 juin 1868, le ministre a déjà fait la moitié de la besogne. « Tout homme, dit cette circu-laire, qui appelle sur lui l'attention ou les regards du public, soit par le rôle qu'il s'attribue dans l'industrie, les arts, le théâtre, etc., ne peut plus invoquer, contre la critique ou l'exposé de sa conduite, d'autre protection que les lois qui répriment la diffamation et l'injure. Celui-là seul a droit au silence absolu qui n'a pas, expressément ou indirectement, provoqué ou autorisé l'attention, l'approbation et le blâme. » En ajoutant, s'il est besoin, quelques exemples à cette excellente définition, la loi pourrait planter ainsi, entre les domaines de la vie publique et de la vie privée, des bornes que personne ne parviendrait à franchir impunément.

Ceci établi, les actes de la vie publique appartiendront complétement à la discussion. Sur ce terrain la presse exercera une surveillance utile, omnipotente. Quand les intérêts de la communauté lui sembleront en péril, elle aura le droit de jeter le cri d'alarme et de signaler les ennemis du bien public. Mission admirable, dévoûment précieux qu'il ne faut pas récompenser par les périlleuses équivoques d'une loi mal faite. Quelle sera donc la garantie du journaliste? Quelle règle devra-t-il suivre pour ne pas s'exposer aux plaintes des gens qu'il aura flétris, ou simplement critiqués? La vérité. Qu'il soit sincère, et il n'aura rien à craindre.

« Tout citoyen, disait Chassey aux Cinq-Cents
« dans la séance du 19 pluviôse an V, ayant droit
« de dénoncer aux tribunaux, a celui, d'après la
« liberté de la presse, de dénoncer à l'opinion pu-
« blique. S'il commence par la presse, en cas de

« litige, il devient dénonciateur juridique. Il suit
« de là qu'il ne peut prouver la vérité que des
« actions qu'il peut dénoncer ou qu'il importe de
« dénoncer. »

Sans être tout à fait exacte, cette assimilation du
journaliste au dénonciateur juridique a cela de bon
qu'elle caractérise, par une comparaison frappante,
le rôle de la presse dans sa mission de surveillance.
Le journaliste doit être prêt, comme le ministère
public après la dénonciation, à faire la preuve des
faits dénoncés. Mais là s'arrête la comparaison ; car
s'il échouait dans cette preuve, il ne lui suffirait pas
d'invoquer sa bonne foi pour être à l'abri de toute
pénalité.

On comprend en effet que la dénonciation juridique,
même erronée, lorsqu'elle a été faite sans dessein
de nuire, échappe à toute répression ; elle est clan-
destine, secrète, et, par cela même, sans conséquences graves pour la réputation. Peut-on en dire
autant de la dénonciation par la presse, dont la
publicité est l'essence même ? Qu'il plaise à un
journaliste de lancer dans le public, sous forme
d'article, une accusation tirée à cinquante mille
exemplaires, qu'un tribunal déclare, quelque temps
après, dénuée de fondement, croyez-vous que cet
arrêt tardif de la justice effacera complétement l'arrêt
déjà prononcé par l'opinion publique ? Lorsqu'on
accorde à un écrivain, dans l'intérêt de la société,
une sorte de droit de vie et de mort sur les réputa-

tions, lorsqu'on lui confie ce dépôt sacré, il ne lui est plus permis d'y porter imprudemment atteinte. Au nom même du principe de la liberté de la presse, il faut qu'en pareille matière la légèreté soit déclarée punissable.

CHAPITRE IV

*Attaques indirectes contre les actes de la vie privée. —
Les malfaiteurs de la Presse.*

Dans une des comédies d'Emile Augier, nous ne
savons quel coquin dit en parlant de la loi : « Je la
respecte puisque je la tourne ! » Tel pourrait être
aujourd'hui le langage des journalistes qui spéculent
sur la méchanceté publique. Comme les affaires véreuses sortent des lacunes de notre code civil, un
nouveau genre de brigandage devait naître des fai-
blesses de notre loi sur la diffamation.

En effet, pour que la diffamation présente les
caractères fixés par la loi de 1819, il faut d'abord
que le fait imputé soit précis. Partant de là, les
Cours ont jugé : Que dire à un avocat, à propos
d'une plaidoirie, « qu'il s'est écarté de la ligne d'un
honnête homme », sans autre précision de faits, ce
n'est pas commettre un délit de diffamation (Crim.
rej., 8 juil. 1843); — que dire à une dame « qu'elle
n'est qu'une marchande de chansons et qu'il y a un
long cahier sur son compte », ce n'est pas lui im-

puter un fait portant atteinte à son honneur et à sa considération (Crim. cass., 10 juil. 1840).

Ainsi, un journaliste qui insérerait ces propos, même en nommant la personne, ne tomberait pas sous le coup de la loi sur la diffamation. Que sera-ce donc lorsque, par voie d'allusion ou d'ironie, il se contentera de *désigner* suffisamment sa victime à la malignité publique, sans commettre l'imprudence de la nommer ? Ici toutes les licences lui sont accordées par l'imprévoyance de la loi.

On a jugé pourtant que le tiers, dénoté dans un journal par une simple indication d'initiale, n'en est pas moins recevable à exercer des poursuites contre le journal, si les juges reconnaissent, d'après l'ensemble des circonstances dans lesquelles la publication a eu lieu, que la désignation était suffisante (Crim. rej., 29 avril 1858). Garantie pour rire !

Le journaliste désignera sans se servir d'initiales. Alors on assistera à un étrange spectacle. Tandis que vingt mille lecteurs auront lu et compris l'insinuation, à l'audience, les magistrats, de par les textes, déclareront gravement que la désignation leur paraît insuffisante. Après ce rôle de niais auquel la loi condamne le juge, trouvez-vous quelque chose de plus pitoyable que la situation du calomnié, obligé de payer les frais d'une instance d'où le calomniateur sort triomphant ?

Ainsi encouragée, la calomnie est devenue une entreprise industrielle. Ouvrant effrontément boutique dans les bureaux d'un journal, elle y offre aux basses vengeances, aux lâches rancunes qui n'osent attaquer en face, des clichés outrageants dont le venin est dosé selon les tarifs. Son audace va même jusqu'à proposer à ses victimes une sorte de droit de réponse, où le même rédacteur, qui a essayé de vous salir, se charge, moyennant finances, de couvrir la tache qu'il a faite d'une encre réparatrice. Tel est le genre de commerce qui s'épanouit à Paris sous les auspices de la bien complaisante loi de 1819, parcimonieusement améliorée par celle de 1881.

Transporté en province, sur ce terrain où le cancan naît spontanément des rivalités de clocher et des haines qui se coudoient, ce nouveau moyen de s'enrichir devait naturellement faire surgir une nouvelle floraison de médisances. L'impunité acquise aux *condottieri* de la presse parisienne a donné de l'audace aux gredins de la presse locale. Ceux-ci n'ont pas été longtemps sans reconnaitre qu'il suffit, pour se créer un public, d'oser dire tout haut ce que les méchants disent tout bas. Point n'est besoin de style ni de goût ; au contraire.

« Quelle que soit la proportion dans laquelle la curiosité est répartie entre les deux sexes, écrivait Arnault (*Mon Portefeuille*, tome 1er, p. 427), du moins elle est assez commune ici-bas, pour qu'on puisse compter sur le succès de toute spéculation conçue de manière à l'irriter. Avec ce talent, on est surtout assuré de faire fortune en littérature, écrivit-on comme une servante. » Et, après avoir parlé du goût des classes inférieures pour les nouvelles à scandales, dont le héros est d'un rang élevé, Arnault ajoutait ce mot profond : « On n'est pas fâché d'avoir occasion de mépriser ceux à qui l'on a porté envie. »

Tels sont les nobles sentiments qui ont inspiré ce nouveau genre de littérature. La manière de s'en servir est d'une simplicité remarquable. On sait comment les coquins ont l'art de se blanchir, en essayant de salir ceux qui les ont pris en flagrant délit. Une servante a-t-elle volé son maître ? C'est le maître qui l'a récompensée de ses complaisances ! Une femme de chambre est-elle mise à la porte pour immoralité ? C'est Madame qui veut se débarrasser d'un témoin incommode ! Un commis est-il renvoyé pour avoir payé ses plaisirs avec la caisse de son patron ? C'est le commerçant qui a été surpris vendant à faux poids ! Un employé est-il congédié pour paresse ou incapacité ? C'est son chef qui craint sa surveillance ! Jadis, avant cette admirable invention, toutes ces ordures, qui prenaient leur source dans la rancune des mauvais drôles, allaient, en tombant de leur bouche, se perdre bientôt dans celle de l'égout. L'honnête homme outragé en était rarement éclaboussé. Maintenant ces voix ont trouvé l'écho qui convenait à leurs vengeances, et dans beaucoup de départements il s'est fondé des organes qui enregistrent les propos calomnieux de toute une région.

Quant au moyen d'éviter la police correctionnelle ou la cour d'assises, il ne demande pas beaucoup de frais d'invention. On ne *désigne* jamais dans le sens

que la loi sur la diffamation prête à ce mot. Tout
l'art consiste à jeter un aliment de plus aux recherches
curieuses des malveillants, par l'obscurité même des
termes dans lesquels le mensonge s'enveloppe. Quelques affidés d'ailleurs, intéressés au succès de la
maison de commerce, ont la *clef* du journal et font
la leçon à différents groupes de commères, chargées
de répandre la bonne nouvelle. L'internationale de
la calomnie par la domesticité !

Cette façon d'acquérir la propriété, non moins
oubliée par le Code civil que tolérée par le Code
pénal, a fait école. Depuis qu'on a constaté que
l'impunité était assurée aux calomniateurs de profession, il s'est créé de tous côtés des journaux,
dont les rédacteurs s'ingénient à tourner la loi sur
la diffamation de manière à rendre à la foule, sous
forme de feuilles à bon marché, toutes les méchancetés qui sortent de ses profondeurs anonymes.

Le succès de cette littérature de portier a donné
à réfléchir aux partis politiques, qui luttent déses-
pérément pour ressaisir le pouvoir. Ce que certains
drôles font impunément pour s'enrichir, ne serait-il
pas habile de l'essayer pour avilir ses adversaires ?
Comme au temps du Directoire, on ne peut plus,
sous prétexte de chouannerie, s'embusquer la nuit
dans quelque carrefour pour y frapper dans l'ombre
un homme entaché de civisme. A chaque époque,
son arme. Autrefois on poignardait, maintenant on
calomnie. Trestaillon se refuse à assassiner. Depuis
qu'il ne se sent plus soutenu par de hautes influ-

ences, il craint la gendarmerie. Il renonce au couteau et prend la plume. Ce n'est plus dans le sang, mais dans l'encre, qu'il trempe ses mains. Pourquoi tuer? mieux vaut noircir !

Et de fait, dans les centres un peu importants, on a vu pousser, avec le renouveau des passions politiques, une foule de feuilles hebdomadaires qui naissent, comme champignons vénéneux, à l'ombre des grands journaux. Ces irréguliers du journalisme sont chargés de recueillir dans leurs colonnes les turpitudes que n'osent publier leurs confrères du grand format. Il est, en effet, une sale besogne que les partis les moins scrupuleux ne sauraient avouer publiquement. Comme on se payait autrefois des *bravi*, ces organes de la calomnie entretiennent des gérants responsables qui prêtent leur nom à la Société anonyme, dont la raison sociale n'est pas connue du public. Et ce n'est que bien rarement que ces hommes de paille comparaîtront devant les tribunaux ; car ils prennent à l'avance leurs précautions pour se mettre à l'abri des poursuites.

Devant ce triomphe du mal, les consciences droites s'indignent, et beaucoup de personnes s'imaginent que de tels calomniateurs doivent trouver en haut lieu de secrètes complaisances. Avec un peu plus de connaissance de notre législation, ces braves gens auraient vite découvert le vrai coupable qui n'est rien autre que la loi elle-même. Ils auraient vite compris que la loi sur la diffamation est l'obstacle le plus commode à tourner pour des calomniateurs qui savent leur métier ; ils auraient vite reconnu que les magistrats restent désarmés et qu'ils ne peuvent poursuivre que sur la plainte de la partie lésée ; ils auraient appris enfin que toute l'habileté du journaliste, qui fait profession de calomnier, consiste précisément à attaquer de manière à empêcher toute tentative de défense.

Les magistrats ne peuvent agir qu'autant qu'ils reçoivent une impulsion de la loi. Or, nulle loi n'a prévu ni voulu punir le genre de crime ou de délit, dont il est ici question. La jurisprudence a décidé, il est vrai, qu'un écrit peut être poursuivi comme diffamatoire, bien que la personne diffamée n'y soit pas désignée par son nom, si elle est indiquée de manière à ce qu'aucun doute raisonnable ne soit possible (Crim. rej., 19 août 1841.) Mais cette interprétation des textes n'est pas de nature à causer un grand effroi aux vieux routiers du journalisme à scandales. Pour les atteindre, il faudrait se résigner à sortir un peu de l'ornière, et à faire du neuf avec du vieux. Car l'innovation que nous proposons peut trouver dans le passé un solide point d'appui qui rassurerait les timides.

A propos du sénatus-consulte contre les libelles diffamatoires, Ulpien dit : « Si quelqu'un a fait un livre pour diffamer une personne, et l'a publié méchamment, on peut l'actionner pour cette injure ; et s'il est condamné, la loi le déclare incapable de recevoir par testament (1). » Et Paul ajoute : « Ce

(1) *Digeste*, liv. XLVII, titre X, l. 5, § 9.

sénatus-consulte était nécessaire ; car, quand le libelliste *n'a pas nommé* celui qu'il diffamait, la preuve en est difficile, et le sénatus-consulte a voulu en tirer une *question publique*. Mais, dans le cas où il l'aura nommé, on donnera contre lui l'action des injures, en vertu du droit commun qui sera une action privée, et éteindra l'action publique, comme naissant d'une cause privée ; mais, si l'action publique a été intentée, on refusera l'action privée ; et réciproquement (1). »

De ces textes il résulte que lorsqu'un écrit outrageait une personne sans la nommer, ou sans la désigner d'une manière évidente, le droit romain autorisait la poursuite à l'aide de l'action publique. M. Dalloz pense que cette action ne pouvait s'ouvrir que lorsque la désignation, quoique détournée, était certaine, c'est-à-dire équivalait à l'indication nominale. Et il s'appuie, pour soutenir son opinion, sur ce texte du Digeste : *Si incertæ personæ convicium fiat nulla executio est ;* « car si cette clameur de plusieurs voix a eu pour objet une personne incertaine, on ne peut faire aucune poursuite (2). »

M. Dalloz oublie que ce principe, posé par le Digeste, ne s'applique qu'à une espèce qu'il importe de définir rigoureusement. Labéon dit en effet au paragraphe 9 précédent : « Une clameur de plusieurs voix peut se faire non-seulement contre un homme présent, mais aussi contre un absent. Ainsi, supposez

(1) *Digeste*, liv. XLVII, titre X, l. 6.
(2) *Digeste*, liv. XLVII, titre X, l. 15, § 9.

que cela ait été fait auprès de votre maison, vous absent, on pourra dire qu'il y a eu *convicium*, clameur de plusieurs voix. La même chose peut se dire si c'est auprès de votre loge ou de votre boutique. » Dans toutes ces hypothèses, exposées par Labéon, l'intention d'offenser une personne, sans la nommer, se manifeste clairement et donne lieu à l'action publique. Mais que ces cris soient proférés au milieu d'une place, sans qu'ils semblent s'adresser à telle ou telle maison, il est évident que le législateur n'a pu voir là qu'un tapage sans but et qui ne saurait donner lieu à une action publique pour injures.

L'objection de M. Dalloz n'est donc pas sérieuse. Ce que le droit romain veut poursuivre, avec l'action publique, ce n'est pas l'outrage fait indirectement à *telle* personne, mais l'intention d'outrager *quelqu'un*, quel qu'il soit. Tel était aussi l'avis de Pothier qui écrit dans une note, à propos du sénatus-consulte contre les libelles diffamatoires : « Lorsque quelqu'un, pour diffamer, a fait un libelle ou une gravure, sans dire le nom de celui qu'il veut diffamer, mais en le désignant de manière *à ne pas pouvoir être convaincu,* on ne peut pas donner l'action privée. Il était donc très nécessaire d'établir l'action publique, pour laquelle il suffit de savoir que l'auteur a voulu diffamer quelqu'un, et il n'est pas nécessaire de savoir qui il a voulu diffamer. » (1)

(1) *Pandectes de Justinien* mises dans un nouvel ordre par Pothier. Liv. XLVII, titre X, section IV.

Fort de cet antécédent, nous demandons que, dans un intérêt d'ordre social, le ministère public soit investi du droit de poursuivre les outrages et calomnies qui proposent un homme au mépris de ses concitoyens, sans qu'il soit nécessaire qu'on l'ait *désigné* dans le sens de la loi de 1819. Tout écrit, publié dans le ressort d'un tribunal, serait examiné scrupuleusement par le parquet. Lorsqu'un passage quelconque semblerait, par ses termes ambigus, porter atteinte à la réputation d'autrui, le magistrat, qui remplirait les fonctions de ministère public, appellerait devant lui l'auteur de l'écrit, pour l'obliger à s'expliquer, à dépouiller sa phrase de ses déguisements, en un mot, à nommer la personne contre laquelle il a entendu diriger ses insinuations malveillantes. Si l'écrivain consentait à nommer celui qu'il aurait désigné avec assez d'habileté pour échapper aux poursuites, le ministère public avertirait aussitôt la personne outragée. Et celle-ci aviserait, libre de mépriser l'insulte ou d'en conduire l'auteur devant les tribunaux.

Le droit romain ouvrait brutalement dans tous les cas l'action publique, sans se préoccuper du sentiment de la personne injuriée ; mais nous voulons, dans notre système, qu'il ne soit point porté atteinte à ce grand principe que « la poursuite n'aura lieu que sur la plainte de la partie qui se prétendra lésée. » Le ministère public se bornerait donc ici à avertir ; ce devoir accompli, il ne devrait pas se montrer plus susceptible que l'homme attaqué dans son honneur, lorsque celui-ci croit devoir mépriser l'insulte et l'insulteur.

Supposons au contraire que le publisciste — et c'est ce qui arriverait le plus souvent — interrogé par le magistrat, refuse d'apporter la clarté là où il n'a cherché à être obscur que dans l'espoir de se dérober aux investigations de la justice. Nous demanderons alors qu'on arme le magistrat français de l'action publique qui permettait, à Rome, de faire tomber le calomniateur dans ses propres pièges ; nous demanderons que le ministère public exerce des poursuites contre l'écrivain, qui se refuserait à nommer la personne qu'il a voulu outrager.

Si le prévenu était jugé coupable, quelle peine devrait-on lui appliquer ? Suivant la législation du Danemark, lorsque, dans un ouvrage imprimé, l'auteur attaque une personne par voie d'ironie ou d'allégorie dont le sens est parfaitement évident, il est puni de la même peine que si l'injure avait été directe (1). — D'après une disposition du code brésilien (art. 240), lorsque le sens de l'injure n'est pas précisé, celui qui se croit offensé a le droit de demander des explications en justice, et, en cas de refus, celui à qui elles ont été demandées doit être condamné aux mêmes peines que si l'injure avait été exempte d'équivoque.

Une telle pénalité nous semblerait trop rigoureuse, quand il s'agit d'une poursuite d'office. La personne outragée restant inconnue, nul ne saurait dire si

(1) Ord. 1779, art. 13; DUFAU, *Constit. de l'Europe.*

l'on se trouve en face d'une calomnie, d'une diffamation, ou d'une simple médisance. Dès lors, puisque
la gravité de l'injure échappe à la critique du juge,
celui-ci devrait se contenter de condamner à des
amendes qui varieraient, suivant le degré de perversité que dénoteraient les antécédents du prévenu,
les termes mêmes dont il se serait servi et les circonstances dans lesquelles le délit aurait été commis.

Comme le disait Gambetta dans un procès célèbre,
en parlant des sociétés en commandite qui se sont
organisées pour exploiter le terrain de la calomnie,
c'est « au cœur de cette organisation qu'il faut
frapper, et le cœur c'est l'argent ! » Toutefois, comme
il s'agirait dans notre hypothèse d'une action publique, ce ne seraient plus des dommages-intérêts,
mais des amendes qu'il faudrait infliger à ceux qui
s'associent et se cotisent pour attaquer la réputation des honnêtes gens. Et ces amendes ne devraient
point être dérisoires, comme aujourd'hui. Elles
devraient être assez considérables pour ruiner l'entreprise des industriels qui tiennent boutique d'outrages. En peu de temps, avec quelques bonnes
condamnations, ces maisons de commerce, qui ont
pour commis en écritures des petits-fils de Basile,
seraient obligées de déposer leur bilan.

Au nom de la liberté de la presse, les timides
repousseront notre système. Ils diront : Obliger certains journalistes à rendre compte d'articles ou
d'entre-filets en apparence inoffensifs, en réalité
diffamatoires ou calomnieux, ne serait-ce pas fournir

au pouvoir, ennemi naturel de toute opposition, un excellent moyen de proscrire les attaques les plus légitimes ? Cette objection aurait une valeur sous le régime actuel de la loi sur la diffamation ; mais, avec une instance en calomnie, telle que nous la demandons, elle ne mériterait pas de préoccuper un seul instant les amis sincères de la liberté. En effet, nous ne réclamerions l'action publique contre les attaques indirectes à la réputation que dans le cas où le législateur, accordant à la presse le droit de tout écrire, ne lui interdirait que celui de calomnier.

Lorsque le publiciste, dans un but d'intérêt général, tel que nous l'avons défini, pourrait ainsi porter des coups droits à son adversaire, sans être inquiété tant qu'il reste fidèle à la vérité, quelle raison aurait-il de s'embusquer dans le coin le plus obscur d'un bureau de journal pour lancer, de là, sous le voile d'un double anonyme, son trait empoisonné ? Aucune, si ce n'est un bas sentiment de vengeance, le plaisir de faire le mal, ou — ce qui sera plus fréquent — une exploitation criminelle de la malignité publique !

Ce n'est pas aux particuliers de se garantir contre les entreprises ténébreuses des coquins ; c'est au ministère public qu'incombe un tel devoir. Et c'est pour cela que nous demandons une loi nouvelle, qui lui permette de poursuivre un nouveau genre de crime. A l'honnête homme seul de se défendre, quand il sera attaqué directement dans sa réputation ; mais au ministère public de lui assurer la sécurité par une action publique contre des guets-apens que le code pénal n'avait pu prévoir.

Personne ne désire plus que nous la liberté de la presse. Nous la voulons libre de tout discuter, même avec amertume, même avec injustice.

Mais, par cela même que nous réclamons l'impunité de la presse qui discute, nous réclamons avec non moins d'énergie une loi capable de réprimer efficacement la presse qui calomnie.

Et ce n'est pas seulement avec des amendes qu'on mettra à la raison les gredins qui spéculent impunément aujourd'hui sur le mensonge. Payés pour faire cet odieux métier, au lendemain d'une condamnation, ils se riront du jugement et n'auront d'autre peine que de louer leur plume à une autre entreprise de calomnies. Le progrès à réaliser, c'est qu'il n'y ait plus de confusion possible entre ces bandits de lettres et les journalistes honorables que l'on a eu jusqu'ici le tort de poursuivre pour avoir écrit quelque article qui déplaisait aux gouvernants du jour.

Dans l'état présent de notre législation, l'emprisonnement pour crimes ou délits de presse ne déshonore pas ceux qui en sont victimes. Au contraire, l'écrivain sort de la geôle la tête haute, avec une sorte d'auréole au front. On honore en lui la pensée persécutée. Et cependant, dans cet hommage de l'opinion, il y aura souvent une atteinte grave à la vérité, à la justice. Car, en croyant prendre parti pour un journaliste courageux qui n'a peut-être eu ue le tort de se montrer violent, elle s'exposera à glorifier un misérable qui fait métier de diffamer ou de calomnier.

Il est donc nécessaire qu'une telle confusion disparaisse. Et elle ne cessera, que du jour où les tribunaux n'infligeront plus de condamnations aux journalistes à l'occasion d'articles politiques. C'est au public, non au juge, de séparer, en matière de presse, le bon grain de l'ivraie ; c'est à lui, à lui seul de faire bonne justice de la mauvaise foi ou des exagérations.

« A ceux qui dans la presse méritent l'autorité et la confiance, a dit excellemment M. Allain Targé à la Chambre des députés (1), le public donne autorité et confiance. La démocratie les accepte, les écoute et tient compte de leurs avis. Ceux qui méritent moins de confiance, la démocratie peut les lire ou ne pas les lire ; elle ne leur accorde pas de crédit, elle ne les suit pas, elle n'accepte pas leurs avis. Chacun est jugé pour ce qu'il vaut. Voilà la vérité, voilà la transformation des mœurs, voilà la vraie garantie ! »

Lorsque ce droit de tout dire, de tout écrire, sauf l'outrage, l'injure et la calomnie, sera hautement proclamé, dans toute poursuite des tribunaux il n'y aura donc plus, au banc des plaignants, que des victimes d'un crime ou délit de droit commun ; au banc des accusés, que des malfaiteurs, qui ne se distinguent des hôtes habituels des prisons que parce qu'ils ont remplacé par une plume les fausses clefs,

(1) Séance du 28 janvier 1881. Discussion sur les diverses propositions de lois relatives à la presse.

le poignard ou le révolver. Nous savons bien qu'on demande aujourd'hui un adoucissement au système répressif. Il est même une école qui rêve la suppression de toute peine corporelle. Mais le jour où l'on aurait conquis cet âge d'or de la pénalité, il resterait encore une expiation : la flétrissure qui s'attache au crime constaté.

Voici ce qu'écrivait M. de Girardin dans la *Justice universelle* :

« En donnant pour unique châtiment au *crime commis* le *crime constaté*, que fait la société?

« Elle oblige ainsi le coupable à fuir, au bout du monde, le lieu de sa faute ; elle l'oblige, non par un texte de loi, mais par l'impossibilité absolue de s'envelopper dans l'ombre.

« Si la publicité, telle qu'elle peut être constituée, faisait luire la lumière dans cette nuit qu'on appelle *la société*, l'on n'aurait plus besoin ni d'échafauds, ni de bagne, ni de maisons de force et de correction, ni de code pénal, ni de jury.

« Alors, le devoir de la justice serait extrêmement simple, car il se bornerait à constater que tel individu a commis tel jour, en tel lieu, tel vol, tel faux ou tel autre acte condamné par la conscience publique. »

Eh bien, c'est ce châtiment qu'inflige, après le juge, la conscience publique, c'est cette pénalité dont nous réclamons la rigoureuse application contre l'écrivain qui calomnie. Il ne faut plus que le coupable puisse se rire cyniquement de la condamna-

tion qui le frappe. S'il a encore un reste d'honorabilité, qu'il soit frappé dans son honneur ! Enfin,
s'il a bu toute honte, et s'il trouve néanmoins à
vendre de nouveau sa plume à quelque ténébreuse
officine, qu'il soit bien entendu que le journal qui
l'achèterait serait sali et discrédité à l'avance par le
seul fait de lui avoir donné asile.

CHAPITRE V

Ce que devrait être la prescription.

On sait que la loi de 1819 a introduit, en faveur de la presse, une prescription spéciale de six mois. Mais, à cette mesure libérale, l'article 27 du décret de 1852 substitua la longue prescription de trois années, que le Code d'instruction criminelle avait réservée aux seuls délits de droit commun. Le despotisme offrait ainsi au zèle de ses parquets le moyen, tout en menaçant l'imprimeur, d'inquiéter sans cesse l'écrivain politique par la perspective d'un procès, qui pouvait surgir tout à coup à l'occasion d'un article depuis longtemps oublié.

On a effacé de nos codes cette disposition imaginée pour les besoins d'intimidation du second Empire. Et la loi sur la presse de 1881, plus libérale que celle de 1819, a décidé que l'action publique et l'action civile, résultant des crimes et délits qu'elle a prévus, seraient prescrits après trois mois révolus. C'est un progrès, mais est-il suffisant ?

Il nous semble que la question n'a jamais été

bien posée ; car il ne doit pas s'agir seulement dans les procès de presse d'élargir ou de restreindre les limites d'une prescription qui faciliterait ou paralyserait les poursuites ; il s'agit surtout de défendre la vérité, et c'est ce noble but dont on a paru jusqu'ici se préoccuper le moins.

Supposons, en effet, qu'on ne revienne jamais aux délits de tendance et d'opinion ; supposons en un mot qu'on ait accordé à la presse ce qui lui appartient légitimement : le droit de tout dire, sauf la calomnie ; que restera-t-il dans tout procès de presse ? Un calomnié et un calomniateur présumés. Or, quel est le véritable intérêt du débat ? Est-ce une vengeance à satisfaire, un drôle à condamner, une peine à appliquer ? La grande affaire c'est de savoir si, oui ou non, il y a eu calomnie. Ce que veut, ce que doit désirer la partie lésée — qu'elle soit représentée par un corps constitué, par un fonctionnaire, ou par un simple particulier, — c'est prouver publiquement qu'elle a été victime d'une imputation fausse et qu'on a porté, en l'outrageant, une atteinte criminelle à la vérité.

Placée à cette hauteur, la question planera au-dessus des mesquines considérations et des petites rancunes. Ne demandant plus une satisfaction personnelle, égoiste, le calomnié pourra exiger de la loi tous les moyens qui lui seront nécessaires pour venger, au grand jour de l'audience, la vérité outragée. A qui revendique un droit si juste, on ne saurait imposer les limites d'une prescription qui varierait suivant le hasard des événements politiques, élargie aujourd'hui et restreinte demain.

Admirez les conséquences de ces limitations de temps ! Un journaliste aura faussement accusé un général d'avoir trahi son pays ; eh bien, au bout de trois mois, cet officier, même un jour, même une heure après le delai légal, ne pourrait plus confondre son calomniateur devant un tribunal, avec la solennelle autorité de la chose jugée ! Il sera réduit à écrire des mémoires justificatifs, et l'on sait quel cas l'opinion fait de ces apologies, qui ne sont guère lues que par les amis de l'auteur. On ne triomphera de la calomnie qu'autant qu'on accompagnera la réfutation de débats retentissants, qui forceront l'attention du public, et de peines qui jetteront une flétrissure sur le calomniateur.

La prescription d'ailleurs, qu'elle soit portée de trois mois à trois ans, à dix, à vingt si l'on veut, n'offrira jamais de garanties satisfaisantes à l'honnête homme qui voudrait se justifier. Car il arrivera toujours un instant où la vérité ne pourra plus mettre le mensonge en déroute. Après le délai fixé par la prescription, la calomnie sera tombée dans le domaine public. L'écrit qui l'aura publiée pour la première fois sera lu, commenté, colporté de maison en maison, figurera dans les bibliothèques publiques ou particulières, sans que la victime puisse se défendre efficacement !

Pour remédier à ce désordre, il y aurait un moyen bien simple ; ce serait de donner pour point de départ à la prescription le moment où la personne outragée aurait eu connaissance de l'outrage.

La loi n'obligera personne, pensons-nous, à lire les deux ou trois mille journaux qui paraissent chaque jour. On peut d'ailleurs demeurer à Lille et être outragé à Marseille. Or, pour répondre, il faut avoir entendu ; pour se défendre, il faut se savoir attaqué. Tel homme peut souffrir dans sa réputation qui ne s'apercevra que longtemps après des coups qui lui ont été lâchement portés. C'est donc au législateur de prendre les mesures nécessaires pour que la personne outragée soit avertie du préjudice qu'on a voulu lui causer, et connaisse l'endroit d'où le trait empoisonné est parti.

Il lui suffirait d'introduire dans nos codes ce principe : Que le délai de la prescription partirait du jour où l'individu attaqué aurait reçu communication authentique de l'attaque dirigée contre son honneur. Si cette réforme était réalisée, les poursuites contre les crimes et délits, commis par la voie de la presse, pourraient sans inconvénient se prescrire par trois mois révolus et même moins. Et tout le monde y gagnerait, sauf l'écrivain indigne dont la plume frappe inopinément dans l'ombre comme le fer de l'assassin.

TROISIÈME PARTIE

Caractères distinctifs de la Calomnie.
Peines qui pourraient lui être appliquées.

CHAPITRE Ier.

La calomnie n'est pas seulement l'imputation ou l'allégation d'un fait faux déterminé; elle est surtout, et le plus souvent, une insinuation.

« Ny aussi, disait Bouchel dans son *Trésor du*
« *droit français* au mot *injures*, les légers brocards,
« lardons et paroles prononcées par gausserie, ne
« sont proprement à estimer pour injures, si ne sont
« telles qu'elles mordent, piquent, blasment et
« déshonorent celuy auquel on les adresse et, à
« celle cause, il en devient honteux, confus, et sa
« renommée blessée. »

Comme le vieux juriste, nous ne plaidons pas ici pour les susceptibilités trop ombrageuses. La critique doit être libre, libre jusqu'à la méchanceté, tant qu'elle ne s'attaque qu'aux ridicules. Ce qu'il faut poursuivre, ce sont les propos et les écrits qui ont pour but de *déshonorer* quelqu'un, suivant le mot de Bouchel, et nous ne saurions admettre le singulier raisonnement de Pastoret qui, dans son rapport du 24 brumaire, an V, aux Cinq-Cents, conseillait au calomnié de mépriser l'outrage en lui apportant comme consolation un extrait des *Annales* de Tacite.

Qu'avait dit le grand historien ? « Les Césars eux-mêmes, et Jules et Auguste, ont enduré, ont dédaigné ces outrages, et je ne sais s'il faut louer en cela leur modération plus que leur sagesse ; car le mépris fait tomber la satire, le ressentiment l'accrédite (1). » Tacite n'entendait mettre en cause ici que des personnages célèbres, consuls, dictateurs ou empereurs ; car il ajoute plus loin : « *Suum cuique decus posteritas rependit* », c'est-à-dire « la postérité assigne à chacun sa portion de gloire. » En d'autres termes, les grands peuvent se rire de l'outrage dans le présent parceque l'avenir se chargera de les réhabiliter. Mais Tacite ne dit pas ce qu'il pense des pauvres diables qui n'ont rien à attendre des jugements de la postérité et qui demandent seulement à défendre, de leur vivant, leur modeste réputation, trésor bien plus respectable que le patrimoine qui leur vient de leurs parents, puisqu'ils l'ont amassé lentement eux-mêmes par des actes quotidiens de bonne foi et de loyauté. Ah ! il faut mépriser les outrages ! Eh bien, pourquoi Pastoret ajoute-t-il un peu plus loin dans son rapport, en se contredisant lui-même, qu'avec ses détours perfides la calomnie empoisonne ce sentiment (le mépris) en le faisant passer pour l'impuissance de se justifier ? En effet, Aristide, s'abaissant jusqu'à

(1) *Annales*, IV, 34.

ses calomniateurs, et Socrate, dédaignant de leur répondre, sont également aux yeux de la calomnie deux hommes avouant leur crime.

Pour que justice soit faite du calomniateur, il faut donc que la loi procure au calomnié les moyens pratiques de le confondre. Mais elle n'atteindra ce but qu'en donnant d'abord une définition nouvelle, exacte, de la calomnie. Par une confusion fâcheuse des termes, qui, de la loi, est descendue peu à peu dans la langue ordinaire, le mot diffamation sert à désigner indifféremment une imputation fausse ou une imputation vraie. Rétablissons donc le sens juste, logique, littéraire du mot calomnie.

Le *Dictionnaire de l'Académie*, celui de Bescherelle et celui de Poitevin, définissent la calomnie : « une fausse imputation qui blesse la réputation et l'honneur » ; le *Dictionnaire de la conversation* : « une fausse imputation qui blesse un homme dans tout ce qu'il a de plus cher au monde, l'honneur et la réputation » ; l'*Encyclopédie des gens du monde* : « une fausse accusation ou une imputation mal fondée contre la conduite ou la réputation d'autrui. » Ne trouvant pas sans doute ces définitions assez précises, M. Littré dit, dans son *Dictionnaire*, que la calomnie est une « imputation *que l'on sait* fausse, et qui blesse la réputation et l'honneur. » Cette définition est encore incomplète ; car elle ne s'applique pas à cette classe trop nombreuse de gens qui, sans information sérieuse, se font un lâche plaisir de colporter d'oreille en oreille la nouvelle mensongère. Mingard de Beau-Lieu a donc écrit avec beaucoup plus de justesse : « La calomnie consiste en général à nuire à la réputation de quelqu'un par des imputations que l'on sait être fausses en tout ou en partie, ou *de la vérité desquelles on n'est pas certain* (1). »

De ces définitions, fournies par le bon sens et l'usage, si nous voulons nous élever à la hauteur d'une formule juridique, nous suffira-t-il d'adopter, en la modifiant, la rédaction de l'article 13 de la loi du 17 mai 1819 (2)? Dirons-nous par exemple : « Toute *fausse allégation* ou toute *fausse imputation* d'un fait, qui porte atteinte à l'honneur ou à la considération de la personne ou du corps auquel le fait est imputé, est une calomnie? » Non, car espérer prendre le calomniateur dans des termes aussi larges, ce serait donner la chasse aux vipères avec des filets destinés à arrêter des tigres. Calomnier ce n'est pas seulement *alléguer* ou *imputer* un fait déshonorant, c'est surtout, et le plus souvent, sans accuser quelqu'un directement, s'exprimer de manière à insinuer qu'il l'a commis ou qu'il est capable de le commettre.

Ces sortes de calomnies ne sont si fréquentes que parce qu'elles mettent leur auteur à l'abri de toute poursuite. L'article 13, modifié comme nous l'avons indiqué, ne suffirait pas encore pour les atteindre, puisque la loi exige formellement que le fait imputé

(1) Au mot calomnie dans le *Code de l'humanité.*
(2) Nous n'avons rien à dire de la loi du 29 juillet 1881, qui ne fait que reproduire textuellement cet article.

soit précis. Il a été jugé en effet : 1° que dire à un avocat, dans une explication qui a lieu au sujet de propos offensants qu'on lui impute d'avoir proférés dans sa plaidoirie, *qu'il s'est écarté de la ligne d'un honnête homme*, ce n'est. pas commettre un délit de diffamation (Crim. rej., 8 juillet 1843) ; 2° qu'imputer à une personne d'avoir prêté un *serment contraire à la vérité*, ce peut n'être pas une calomnie, parce qu'il ne résulte pas nécessairement de cette assertion que celui qui a prêté le serment *savait* que le fait qu'il affirmait ainsi était contraire à la vérité (Bruxelles, 23 déc. 1831) ; 3° que ce n'est pas diffamer un archevêque de publier dans un journal les lignes suivantes : « L'archevêque ayant demandé à tous les curés de son diocèse de lui abandonner le quart de leur casuel pour subvenir, *disait-il*, aux besoins de son administration, presque tous les curés s'empressèrent de lui obéir (Toulouse, 18 avril 1826)... »

Ce dernier exemple est-il assez frappant ! Eh bien, cette même loi qui permet à un journaliste de laisser entendre clairement à ses lecteurs qu'un archevêque abuse de sa haute position pour soutirer de l'argent à ses subordonnés, cette même loi ne tolèrerait pas qu'on dît d'un médecin qu'il traite mal ses malades, d'un avocat qu'il plaide mal ses procès, d'un négociant qu'il conduit mal ses affaires (1) ! La raison de cette différence a été donnée par M. de Serre,

(1) M. Chassan, tome 1, p. 341-342. — De Grattier, tome 1, p. 184.

lors de la discussion de la loi de 1819. « La *considération*, disait-il, s'entend particulièrement de l'estime que chacun peut avoir acquis dans l'état qu'il exerce, estime qui est pour lui une *propriété* précieuse que la diffamation peut atteindre sans porter cependant atteinte à son honneur. » Voilà le grand mot lâché : la *propriété!* Dormez sur les deux oreilles, ô bons propriétaires ; la garde qui veille aux portes de votre vie professionnelle ne souffrira pas qu'on en franchisse le seuil illégalement! Malheur à celui qui, par des critiques malveillantes, vous enlèverait un client ou un malade! Paix au calomniateur qui se contentera de vous dérober votre honneur, d'insulter votre femme, ou d'outrager votre mère! Oh! la bonne loi que nous avons là ! Si cela s'appelle le progrès, comme il nous semblerait doux de revenir en arrière, pour écouter les échos qui nous viennent du bon vieux droit français!

« Une injure, dit Jousse, (1) est faite non-seulement quand elle est proférée expressément contre quelqu'un, mais encore lorsqu'on se sert de termes qui, quoique non offensants par eux-mêmes, le deviennent néanmoins par la *manière et le ton* dont ils sont prononcés, comme si l'on disait à une femme, en raillant, qu'elle est bien sage ; ou en parlant de quelqu'un, que c'est un honnête homme, mais qu'il est bien fâcheux qu'il ait le sort de bien des maris ; ou en se servant d'autres expressions semblables.

(1) *Traité de la Justice criminelle en France.* Part. IV, titre XXIV, art. 30.

Il en est de même si on disait, en regardant une personne, et dans des circonstances où il parait qu'on aurait dessein de l'offenser : *pour moi, je ne suis point un fripon;* de même si l'on disait : *je n'ai pas fait banqueroute,* en parlant à une personne dont les affaires auraient été dérangées, et qui aurait été rétablie dans son honneur ; et autres cas semblables. »

Voilà bien le langage du moraliste, le respect vrai de la dignité humaine ! Ces traditions sont malheureusement perdues, et il serait grand temps de sortir des ténèbres où s'égare un législateur trop préoccupé des intérêts purement matériels.

Dans les sciences physiques et naturelles, l'hypothèse, qui permet d'expliquer le plus grand nombre de phénomènes, d'un commun accord est proclamée loi jusqu'à ce qu'un fait nouveau lui donne tort et la mette justement sous la remise. Pourquoi procéder autrement en matière de législation ? La loi sur la diffamation a pu avoir du bon ; elle est même à conserver comme mesure de charité ; mais, lorsqu'il s'agit de réprimer la calomnie proprement dite, son impuissance se révèle à tout instant. Sur ce point, sa pauvreté de ressources ne se montre jamais avec plus d'évidence que lorsqu'une invention moderne vient apporter à la méchanceté un moyen perfectionné de faire le mal. C'est ainsi que la création si utile des cartes postales, peu de mois après la promulgation de la loi, avait déjà donné lieu à plusieurs procès en diffamation, dont le résultat pitoyable plaidera, en faveur de notre système, beaucoup mieux que ne le feraient les plus éloquents raisonnements.

A Dieppe, une carte-postale était arrivée à Mme G***, portant ces lignes :

« Chère amie, comme selon votre promesse, je
« compte sur votre présence au bal ce soir, et que
« le petit est parti, soyez de minuit à une heure près
« de la porte du foyer, j'y serai en débardeur. Je
« compte sur vous. Ayez un nœud vert sur l'épaule
« gauche afin que je puisse vous reconnaître...
« Votre cher Raoul. »

Mme G*** ayant montré cet écrit à son mari, celui-ci déposa une plainte, et le signataire fut traduit devant le tribunal correctionnel. Raoul était un nom de guerre qui dissimulait mal un nommé V***. Le tribunal correctionnel de Dieppe a jugé qu'il n'y avait pas de délit de diffamation, l'injure n'ayant pas été *publique* (1).

Raoul V*** fut condamné, par voie de simple police, à 5 francs d'amende !! Pour avoir volé, avec certaines circonstances aggravantes, le porte-monnaie de Mme G***, il aurait pu être condamné aux travaux forcés ; pour avoir essayé de salir sa réputation, il lui en a coûté 5 francs d'amende ! Que voulez-vous ! Si un bureau de poste, de par la loi sur la diffamation, est un lieu *privé*, à plus forte raison doit-on en dire autant de l'intérieur de la maison où la carte postale peut être lue par les domestiques qui ne sont pas

(1) Juin ou juillet 1873.

tenus, que nous sachions, au secret professionnel. Ainsi, il est bien entendu qu'en France, dans un pays réputé chevaleresque, le premier gredin venu peut, moyennant 5 francs d'amende, porter l'atteinte la plus grave à l'honneur d'une femme.

Ceci se passait en 1873, et il a fallu environ quatorze ans au législateur pour s'apercevoir de cette situation absurde, puisque c'est en 1887 seulement que le *Journal Officiel*, dans son numéro du 14 juin, a publié le texte d'une loi concernant la diffamation et l'injure commises par les correspondances postales ou télégraphiques circulant à découvert. C'est un progrès sans doute ; mais qui ne voit que, pour le compléter, on devra surcharger une mauvaise loi d'autant de corrections qu'il se présentera de nouvelles façons de diffamer ?

Maintenant celui qui diffamera, par des correspondances circulant à découvert, sera puni d'un emprisonnement de cinq jours à six mois. Mais nous ne sachons pas qu'il y ait encore une seule peine édictée contre celui qui aura, par exemple, au moyen de lettres anonymes, jeté le trouble dans un ménage et poussé une honnête femme, une mère de famille, jusqu'aux dernières limites du désespoir.

Se voyant injustement soupçonnée par son mari, à la suite de dénonciations anonymes, une dame Castan avait conçu le projet de se donner la mort. Dans sa folie, la malheureuse essaya de se suicider avec ses deux enfants, et l'acte d'accusation, lu à l'audience du 15 mai 1874 devant la Cour d'assises de l'Hérault, ajoutait : « ... L'aîné des enfants revint à la vie, mais malheureusement le plus jeune expira dans la soirée. Le suicide, tout immoral qu'il soit, ne constitue pas un crime, d'après la loi humaine ; mais la femme Castan avait voulu entraîner ses enfants dans la mort. Il y avait eu un crime, et une poursuite était nécessaire. »

Le jury a naturellement acquitté cette malheureuse, victime d'une méchanceté atroce. Et la porte de la prison, qui s'ouvrait pour lui rendre la liberté, dut sans doute, le même jour, se refermer sur l'auteur de tous ces désastres, sur le calomniateur ? N'en croyez rien ; il n'a pas été inquiété et il ne le sera pas.

Une telle impunité vous révolte, vous paraît invraisemblable. Vous vous dites que la lettre anonyme, qui a jeté l'effroi dans l'âme de cette pauvre femme, contenait une sorte de menace, et que la loi française doit punir la menace. Il est vrai : l'article 305 du code pénal est applicable à celui qui « aura menacé, par écrit anonyme ou signé, d'assassinat, d'empoisonnement, ou de tout autre attentat contre les personnes, qui serait punissable de la peine de mort, des travaux forcés à perpétuité, ou de la déportation. » Il est vrai ! la loi française protège avec sollicitude votre vie matérielle ; mais sa bonté ne va pas jusqu'à vous défendre contre les manœuvres criminelles qui vous priveraient des caresses d'un enfant, de l'affection d'un mari, de la confiance d'un ami, de tout ce qui fait en un mot le vrai prix de la vie. Elle punira le meurtrier qui répandra de l'arsenic sur vos aliments, mais n'inquiétera pas celui qui aura empoisonné votre existence. Elle vous permet de respirer, non d'être heureux !

Une seule fois, cependant, le législateur français a daigné offrir sa protection aux victimes de la calomnie proprement dite. Cette garantie est accordée lorsqu'une dénonciation, loin d'avoir été inspirée par l'intérêt du bien public, n'a eu d'autre mobile que le plaisir de faire le mal, la haine, ou la vengeance. « Quiconque, dit l'article 373 du code pénal, aura fait par écrit une dénonciation calomnieuse, contre un ou plusieurs individus, aux officiers de justice ou de police administrative ou judiciaire, sera puni d'un emprisonnement d'un mois à un an, et d'une amende de 100 fr. à 3,000 fr. »

Avant d'examiner si cette garantie tiendra, dans la pratique, les promesses qu'elle semble accorder en théorie, signalons en passant l'étrange bénignité de la pénalité qui sert de sanction aux dispositions de l'art. 373. Sous l'ancienne législation, la peine de la dénonciation calomnieuse pouvait aller jusqu'à la mort, lorsque l'accusation attribuait à un innocent un crime qui l'aurait exposé à une condamnation capitale. Sans vouloir la mort du pécheur, nous croyons que le droit moderne aurait dû appliquer les travaux forcés à l'auteur d'une accusation judiciaire qui pourrait conduire un honnête homme sur l'échafaud. D'ailleurs, en se montrant plus sévère, notre loi eût évité une contradiction ; car le Code pénal traite moins durement l'auteur d'une dénonciation calomnieuse que l'auteur d'un faux témoignage (1). Celui-ci cependant, si coupable qu'il soit, ne dépose contrairement à la vérité que sur une assignation, c'est-à-dire après avoir été amené malgré lui devant le tribunal qu'il trompe ; celui-là au contraire prémédite son mensonge, le combine froidement, fait le premier pas et, spontanément, vient tromper la justice !

Fermons cette parenthèse et voyons maintenant la protection qu'on peut attendre de l'article 373. Aux termes de cet article il faut, pour qu'il y ait dénonciation calomnieuse, que la dénonciation soit faite *par écrit* devant certains *officiers de justice*. Même avec ces deux conditions le délit de dénonciation calomnieuse ne saurait résulter d'une simple énonciation de *soupçon*. Ainsi, il a été jugé que déclarer, dans une plainte en vol, qu'on porte ses soupçons contre telle ou telle personne, ce n'est pas se rendre coupable de dénonciation calomnieuse. En un mot, le nombre des cas où la calomnie trouvera le moyen de dénoncer, sans s'exposer à tomber dans les pièges que lui tend l'art. 373, est tellement illimité qu'il nous faudra les ramener à deux espèces qui nous serviront, en quelque sorte, de type.

La dénonciation calomnieuse, prise dans son sens

---

(1) Art. 361 du Code pénal : « Quiconque sera coupable de faux témoignage en matière criminelle, sera puni de la peine de la réclusion. Si néanmoins l'accusé a été condamné à une peine plus forte que celle de la réclusion, le faux témoin qui a déposé contre lui subira la même peine. »

le plus large, se propose moins d'exposer un innocent à une poursuite judiciaire que de le livrer au mépris et à la haine de ses concitoyens. Elle est écrite ou verbale. Ecrite, elle permettra de commettre impunément des actes de la plus basse méchanceté, sauf dans le seul cas de l'art. 373, en dehors duquel elle aura presque toujours soin de se placer ; verbale, elle ne rencontrera jamais de digue qui mette un frein à sa fureur.

Voici un exemple curieux de dénonciation écrite, qui échappe complétement aux dispositions de l'article 373. « Le *Journal de Beaune*, disait une dépêche de Dijon en date du 3 novembre 1875, qui avait publié un article dans lequel une accusation d'assassinat était lancée contre un prêtre de Carcassonne, vient d'être condamné à 300 fr. de dommages-intérêts. » Trois cents francs de dommages-intérêts, c'est-à-dire une simple réparation civile ; pas même une amende ! Sous le régime de notre aimable loi sur la diffamation, on peut donc, pour 300 francs, se donner la satisfaction de lancer, à vingt ou trente mille exemplaires, une accusation capitale ! De deux choses l'une pourtant : ou ce prêtre était coupable, et le journaliste, loin de mériter une punition, avait accompli, en le dénonçant, un acte de courage digne d'éloges ; ou le prêtre était innocent, et son dénonciateur aurait dû être condamné à une peine afflictive et infamante.

Inutile, après cela, d'insister sur les facilités accordées par notre code à la dénonciation calomnieuse écrite. Quant à la dénonciation verbale, elle jouira des bénéfices de l'impunité la plus complète. Il a été jugé, par exemple, que la dénonciation d'un délit, qu'on sait ne pas exister, faite à la gendarmerie avec l'intention de provoquer de sa part des recherches et des services frustratoires, constitue le délit d'outrage prévu et puni par l'art. 224 du Code pénal. Mais ni la loi, ni la jurisprudence n'ont prévu le cas où cet outrage, en apparence dirigé contre la gendarmerie, n'aurait pour but que d'attenter indirectement à la réputation d'autrui. Basile a un ennemi ; mais, trop lâche pour l'attaquer en face, il laisse entendre habilement à des agents de la force publique que cet homme pourrait bien être l'auteur d'un crime ou d'un délit. Sur ces rapports mensongers on fait une perquisition chez la personne dénoncée. Celle-ci, reconnue innocente, n'est pas inquiétée davantage; mais l'aventure a fait du bruit. Scandales, bavardages, dont il *reste* toujours *quelque* chose. Basile ne demandait rien de plus. Il s'est vengé sans coup-férir.

Aujourd'hui il n'y a donc aucun moyen d'atteindre la calomnie dans ses manifestations les plus ordinaires. On ne parviendrait à ce résultat qu'en donnant comme préface, à la loi que nous réclamons, une définition de la calomnie, qui ne laisserait échapper aucune des variétés d'un crime dont le caractère essentiel est de prendre les déguisements les plus imprévus.

« Pour qu'il y ait délit de calomnie, disait

M. Monseignat (1), il faut que le fait avancé, s'il existait, expose celui auquel il a été imputé à des poursuites criminelles ou correctionnelles, ou au mépris et à la haine des citoyens. » Quoique cette définition vise la calomnie proprement dite, nous la repoussons comme incomplète, parce qu'elle exige dans tous les cas *l'imputation d'un fait.* Nous avons en effet suffisamment démontré que la calomnie ne commet presque jamais l'imprudence d'alléguer ou d'imputer un fait déterminé. Son grand art consiste à se maintenir dans un vague qui lui permet de frapper sans être poursuivie.

A *fortiori*, repoussons-nous la rédaction de l'article 13 de la loi du 17 mai 1819, qui, s'appliquant indifféremment à l'imputation d'un fait *vrai* ou *faux*, exige avec raison, pour qu'il y ait crime ou délit, de rigoureuses circonstances de *fait*, de *publicité*, etc. La publicité ! comment pourrait-on en faire la condition d'un crime qui met tant de soin à se cacher ? La diffamation est toujours un *cri*, et la calomnie n'est, la plupart du temps, qu'un murmure qu'on glisse à l'oreille en se faisant une sourdine de la main.

Voici donc la définition que nous proposerions : « Toute allégation ou imputation d'un fait, que l'on sait faux, ou *de la vérité duquel on n'est pas certain*, et qui porte atteinte à l'honneur de la personne ou du corps auquel le fait est imputé, est une calomnie.

(1) Rapport de M. Monseignat au Corps législatif ; séance du 17 février 1810.

La calomnie consiste aussi à nuire à la réputation en laissant entendre, par voie d'allusion ou d'ironie, et sans qu'on indique un fait déterminé, que la personne qu'on outrage, directement ou indirectement, mérite la haine et le mépris de ses concitoyens, alors même qu'on serait impuissant à prouver contre elle un seul des actes déshonorants dont on voudrait la faire croire coupable. »

Isolée, cette définition pourrait sembler menaçante pour la sécurité de beaucoup de gens qui, sans avoir la perfidie des calomniateurs, se sont fait une douce habitude de leur servir d'écho ; mais elle serait suivie, comme nous l'indiquerons, d'un système de pénalités qui permettrait d'attribuer à chacun sa juste part de responsabilité.

CHAPITRE II

*Ceux qui ne sont coupables que d'avoir colporté la
calomnie doivent-ils être poursuivis ?*

Celui qui répète une calomnie est-il coupable ? En
d'autres termes, la faute qu'il a commise peut-elle et
doit-elle servir de base à une action en justice ?
Ecoutons d'abord la réponse des moralistes et des
théologiens.

Voici, sur ce sujet, les paroles qu'Hérodote prête
à Artabane, dans un discours que celui-ci prononce
contre la guerre que Xerxès voulait entreprendre : (1)

« ... Rien de si pernicieux que la calomnie. C'est
une injustice de deux personnes contre une troisième. Le calomniateur viole toutes les règles de
l'équité en ce qu'il accuse un absent. *L'autre n'est
pas moins coupable en ce qu'il ajoute foi au calomniateur, avant que d'être bien instruit.* Enfin l'absent
reçoit une double injure, en ce que l'un le dépeint
sous de noires couleurs, et que *l'autre le croit tel
qu'on le lui représente.* »

(1) Histoire d'Hérodote, livre VII, chap. X.

La même pensée se trouve exprimée, sous forme d'aphorisme, par l'empereur Justinien : « Celui qui tient de mauvais discours, dit-il, rend *ses complices ceux qui l'écoutent*. Applaudir aux injures, goûter le plaisir de la médisance, quoiqu'on n'en fasse pas soi-même les frais, c'est *devenir coupable*. »

Ainsi, les anciens voyaient déjà un certain degré de culpabilité dans le simple fait de croire trop complaisamment, c'est-à-dire sans preuve, au mal que l'on dit des autres. Tel fut aussi, chez les modernes, l'avis des théologiens. « Le premier degré du crime, « écrit Chappel (1), évêque de Cork, est quand l'on « preste l'oreille à ceux qui viennent faire des « rapports, que l'on entretient par là, et que l'on « encourage dans ce métier. Car, comme on dit « communément que, s'il n'y avait point de recé- « leurs, il n'y aurait point de voleurs ; aussi, s'il « n'y avait point d'écouteurs, il n'y aurait point de « rapporteurs. » Et le savant évêque ajoute : « Le « troisième degré de ce péché, c'est de rapporter à « d'autres ce que l'on nous a ainsi dit à l'oreille ; « car, par ce moyen, l'on se rend *complice* de la « calomnie, et après avoir injustement perdu la « bonne opinion que l'on avait de la personne « calomniée, l'on tâche aussi de la faire perdre aux « autres. Ce crime *n'est guère moindre que celui du* « *premier autheur* de la médisance, et il ne con-

(1) Dans sa *Pratique des vertus chrétiennes*, page 253 de la traduction de 1669.

« tribue pas moins à la ruine de la réputation de
« notre prochain. »

L'opinion de Chappel avait été précédée par un
arrêt plus sévère de Saint-Thomas, qui incriminait
même la calomnie commise par erreur, sans malice.
« Homo, disait-il (1), non debet ad accusationem
« procedere, nisi de re omninò sibi certa, in qua
« ignorantia facti locum non habet. » Il n'admettait
pas l'excuse de l'ignorance et exigeait, de la part du
calomniateur, outre la pénitence, une satisfaction
suffisante envers la personne calomniée « tant par
« rapport à l'honneur qu'on lui a ôté, que par rap-
« port aux dommages temporels qu'on lui a causés. »

Une pénalité légère et des dommages-intérêts,
voilà ce que paraît réclamer l'ensemble des voix qui
s'élèvent du temps passé pour flétrir la conduite
des colporteurs de propos calomnieux. Certains
moralistes modernes se montrent plus exigeants. « Il
y a, dit l'abbé de Villars (2), des bruits qui se
répandent dont on ne saurait dire les auteurs ; mais
tous ceux qui les répandent doivent en être appelés
les auteurs ; puisque chacun y ajoute ou change à
son gré. Un homme peut avoir la malignité d'in-
venter une calomnie, mais elle ne ferait pas grands
progrès si d'autres n'avaient la malignité de la
répandre ; on se trompe quand on croit avoir droit
de redire ce que d'autres ont dit les premiers ; il
n'est pas plus permis de répéter une médisance que

(1) Quaest. 67, art. 3, ad. 1.
(2) *Réflexions sur les défauts d'autrui*, p. 88.

de jeter des matières combustibles dans un embrasement. Celui qui commence l'embrasement et celui qui le nourrit sont coupables, et je ne sais lequel est le moins coupable des deux. »

Emporté par l'indignation, l'abbé de Villars dépasse le but ; car l'auteur principal du mensonge sera toujours beaucoup plus coupable que celui qui n'aura servi qu'à le répandre. La haine du mal pousse ainsi trop souvent les moralistes au-delà des limites de l'équité. Poètes-philosophes, ils sont utiles comme conseillers, mais ne doivent pas avoir voix délibérative parmi ceux qui sont chargés de dicter des lois. Aussi ne les avons-nous cités que pour chercher un point de départ dans l'opinion des bons esprits de tous les temps.

D'après cette opinion, la loi morale, la loi qui est écrite au fond de toutes les consciences éclairées, condamne et flétrit ceux qui, sans l'avoir inventée, concourent, par la malveillance de leurs propos, à la propagation de la calomnie. Peut-on en dire autant de la loi positive ? En un mot, nos codes renferment-ils des peines contre le genre de délit que nous signalons ? Oui, s'il s'agit de quelques faits prévus par la loi sur la diffamation ; non, s'il s'agit des actes innombrables de méchanceté qui se commettent impunément sous son régime tutélaire. Quelquefois, il est vrai, les juges, révoltés de ne pouvoir atteindre de si atroces propos, parviendront à en frapper les auteurs en assimilant celui qui colporte une diffamation à un complice du diffama-

teur. Mais, pour obtenir cette satisfaction, le magistrat se verra souvent obligé d'exercer sur les textes
une violence dont l'équité ne profitera qu'en faisant
injure à la légalité. En voici un exemple frappant,
que le *National* a publié sous la rubrique *Tribunaux*.

« Nous avons rendu compte d'un fait qui avait
« mis en émoi l'une des rues les plus paisibles du
« Marais. Un colossal placard avait un matin fait
« son apparition sur la devanture des magasins
« d'une commerçante des plus honorables. Ce pla-
« card énonçait contre la maîtresse de la maison les
« faits les plus monstrueux et la signalait comme
« la dernière des créatures. Un rassemblement con-
« sidérable s'était formé. On y commentait cet
« étrange écrit et la foule prenait une attitude de
« plus en plus hostile, lorsque des gardiens de la
« paix, attirés par ces rumeurs, arrachèrent le pla-
« card et prévinrent la dame, qui ignorait tout le
« bruit et tout le scandale dont elle était involontai-
« rement la cause...

« De longues et minutieuses investigations ne
« purent faire découvrir l'auteur du placard, mais
« révélèrent que quatre industriels du voisinage
« s'étaient procuré des copies du libelle et avaient
« eu l'imprudence, pour ne pas qualifier plus sévè-
« rement le fait, de le colporter dans les établisse-
« ments publics. Une instruction fut suivie contre
« eux et ils comparaissent devant le tribunal cor-
« rectionnel (8ᵉ Chambre), sous la prévention de
« complicité de diffamation par affiches... Le tribu-

« nal condamne les prévenus chacun à cinq jours
« de prison, 100 fr. de dommages-intérêts, et tous
« solidairement aux dépens. »

Au point de vue de la morale, nous ne saurions
trop approuver un tel jugement, mais, au point de
vue du droit, nous croyons qu'il supporterait difficilement l'épreuve de l'appel. Pour que la *complicité*
existe dans le sens rigoureusement restrictif de la loi,
il faut qu'il y ait eu une entente préalable, une sorte
d'association pour le mal entre le complice et l'auteur
principal. Rien de cela ne s'est produit dans l'espèce.
L'auteur du placard n'avait jamais eu de rapports
avec ceux qui avaient copié son libelle, pour se procurer le lâche plaisir de le colporter dans des établissements publics. Il y a là deux faits distincts,
entièrement séparés, complétement indépendants.
Les copistes du placard n'ont pas *participé à l'exécution* du délit commis par celui qui l'avait conçu,
écrit et affiché. Ils sont coupables certainement, mais
d'un délit *sui generis;* ils ne sont pas complices.
Rarement il arrivera que le magistrat puisse appliquer les règles de la complicité à celui qui colporte
une calomnie. Car, la plupart du temps, on se fait
l'écho d'un bruit calomnieux sans en connaître l'auteur principal. De bouche en bouche, la calomnie
nous parvient sans signature; on l'accueille trop
complaisamment et, non sans malice, on lui donne
un regain de publicité en la confiant à l'oreille de
son voisin. Quel tribunal, pour ce fait, songerait
sérieusement à nous intenter une action comme com-

plice d'un auteur principal que nous n'avons jamais vu, dont nous ne connaissons même pas le nom ?

Et cependant, celui qui colporte une calomnie est coupable ; il peut même quelquefois mériter un châtiment plus sévère que l'auteur principal du propos mensonger. D'une calomnie verbale il ne restera que *quelque chose*, comme dit Beaumarchais ; mais qu'elle soit méchamment éditée par un journaliste, elle deviendra aussitôt meurtrière pour la réputation. Le publiciste qui fait un si vilain métier devrait, dans ce cas, être plus rigoureusement atteint que l'inventeur de la calomnie. En cela le législateur ne serait que juste et ne s'écarterait point des principes qui le dirigent en matière pénale. C'est ainsi qu'une femme coupable du crime d'avortement est punie seulement de la réclusion, tandis que le code pénal inflige la peine des travaux forcés à temps aux chirurgiens, médecins, pharmaciens et autres officiers de santé qui ont indiqué ou fourni les médicaments destructeurs de l'œuvre de la nature.

Il serait juste aussi de poursuivre, mais avec moins de sévérité, celui qui aurait reproduit la calomnie en y apportant quelques adoucissements. « Il y a responsabilité et action, disait Beffroy aux Cinq-Cents (1), contre celui qui reproduit dans un écrit imprimé des imputations offensantes, encore qu'il ait cité les écrits dont il les a tirés et même qu'il y ait ajouté des réflexions atténuantes. »

(1) Séance du 22 Pluviôse, An V.

D'ailleurs, dès que l'intention de nuire est cons-
tatée chez celui qui colporte la calomnie, peu importe
l'instrument dont il s'est servi, journal, livre, manuscrit ou parole ; peu importe aussi le degré de
méchanceté, pourvu que la méchanceté soit évidente.
Ce sera, pour le juge, affaire d'appréciation. On ne
saurait moins faire pour une action en calomnie que
pour une action en diffamation. Or la loi sur la
diffamation ne poursuit pas seulement *l'imputation*,
mais aussi *l'allégation* d'un fait qui porte atteinte à
l'honneur ou à la considération. Et qu'est-ce qu'alléguer si ce n'est annoncer sur la foi d'autrui ? Celui
qui colporte une calomnie ne fait pas autre chose ;
il n'invente pas, il *allègue*. Pour cela seul la loi
de 1819 permet de le citer devant les tribunaux.
Nous avons donc dans nos lois un précédent pour
satisfaire les esprits qui se révoltent contre toute
idée d'innovation.

L'intention de nuire une fois reconnue chez celui
qui aura reproduit la calomnie, il sera facile de lui intenter une action ; car le prévenu ne saurait s'excuser
en prétendant que les propos incriminés avaient été
tenus auparavant par d'autres personnes. Mais que
répondre à celui qui soutiendrait qu'il a cru de
bonne foi aux rapports offensants dont il se serait
fait l'écho sans mauvaise intention ?

Nous lui répondrions, avec Pierre du Moulin (1) :
« ..... Il y a une ignorance volontaire et une invo-
« lontaire. Celuy-là a une ignorance volontaire qui

______
(1) *L'Ethique ou Science morale*, p. 52.

« ne veut pas apprendre et en fuit les occasions,
« de peur de s'obliger à bien faire. Les juriscon-
« sultes disent qu'une telle ignorance est proche de
« dol. A laquelle est semblable l'ignorance téméraire
« et négligente. Comme en celuy qui jette des
« pierres, de la fenestre en la rüe, qui blessent
« quelque passans, puis dit pour excuse : Je ne
« sçavais pas que ces pierres rencontreroient quel-
« ques-uns. »

S'emparant de cette idée de l'ancien droit, notre
code, en plusieurs endroits, rend chacun responsable
non-seulement du dommage qu'il a causé par son
fait, mais encore par sa *négligence* ou par son *imprudence* (art. 1383, C. N.).

Et celui qui, en colportant une calomnie, nuirait
maladroitement à la réputation d'un honnête homme,
jouirait d'une impunité qu'on n'accorde pas à des
propriétaires négligents !

Supposons enfin que celui qui a reproduit un
bruit calomnieux ne soit coupable que de légèreté.
Dans cette hypothèse il n'y aurait pas de pénalité
possible à appliquer, puisqu'il n'y a pas eu de délit.
Sans doute, mais il serait facile d'assimiler ce cas
à celui où il y a lieu à l'amende en matière civile.
Cette amende n'est pas une peine dans le sens
qu'attachent à ce mot les lois criminelles. Ainsi, en
matière de douanes, la plupart des contraventions
n'entraînent qu'une amende purement civile, qui
est considérée moins comme un châtiment que comme

un dédommagement accordé à l'Etat. Nous ne demandons rien de plus; nous demandons que l'amende, appliquée à celui qui a colporté une calomnie sans intention de nuire, soit moins une peine qu'une satisfaction donnée au calomnié, qui ne pourrait trouver le plus souvent que dans une telle poursuite le moyen d'arrêter les propos calomnieux qu'on a mis en circulation.

On nous objectera peut-être qu'il est de règle en matière civile que le ministère public agisse par *voie de réquisition*. Mais nous répondrons qu'il est des cas où la loi en ordonne autrement. Ainsi, le ministère public exerce directement des poursuites contre les officiers de l'état civil qui, dans la tenue des registres ou leur rédaction, ont contrevenu aux obligations que la loi leur imposait. De cette exception le législateur ne serait-il pas libre de faire une règle applicable, dans tous les cas, à une action en calomnie?

Donc, pour nous résumer, quand il y a intention de nuire, ou imprudence, ou seulement légèreté, rien ne s'oppose à ce que, soit sur la plainte de la partie lésée, soit d'office, on intente une action en calomnie contre celui qui a colporté des bruits calomnieux. Par ce moyen nul ne pourrait se dérober à la responsabilité qu'il devrait encourir pour les propos qu'il aurait tenus sur un tiers. Acquitté s'il était de bonne foi, condamné, s'il avait eu l'intention de nuire, selon son degré de méchanceté, il fournirait dans tous les cas — ce qui est le principal but de la loi que nous demandons — il fournirait à la victime des propos calomnieux les moyens de confondre le mensonge et d'éclairer l'opinion publique, égarée par des paroles maladroites ou perfides.

CHAPITRE III

Nécessité d'un système de pénalités contre la calomnie.

Dans la séance du 29 pluviôse, an V, Thibaudeau disait : « ... On doit considérer comme civile l'action en calomnie ; celle-ci est un délit privé qui s'expie par les dommages-intérêts et la réparation civile à faire à celui qui s'est plaint. Vouloir la traiter comme les délits publics sur lesquels l'action publique agit, c'est dénaturer les principes. En effet, quel est l'intérêt de celui qui a été calomnié ? Est-il de voir condamner à une détention plus ou moins longue son calomniateur ? Non, mais bien de prouver à ses concitoyens qu'il n'est pas tel qu'on l'a dépeint. Pour cela, une simple réparation plus ou moins éclatante suffit. Si la calomnie a nui à sa fortune, il recevra des dommages-intérêts proportionnés aux pertes qu'elle lui a causées... »

Nous convenons avec Thibaudeau qu'il est beaucoup moins important de punir un calomniateur que de fournir, à un honnête homme, l'occasion de prouver publiquement la fausseté des accusations dont il a été victime. Ce n'est pas toutefois une raison pour oublier les droits de la société qui, dans toute calomnie, souffre très directement du dommage causé à l'un de ses membres. Platon, dans sa *République*, Cicéron, dans son *Traité de l'Amitié*, insistent avec beaucoup de force sur les graves dangers que la calomnie fait courir à l'État en éloignant souvent des affaires les citoyens les plus recommandables. Ce mal, dont se plaignaient les anciens, est aujourd'hui le ver rongeur de nos sociétés modernes. Si l'on n'y prend garde, avec l'impunité qui résulte du silence de la loi, il n'y aura bientôt plus de réputation qui puisse résister aux attaques furieuses des partis ou aux basses vengeances des inimitiés particulières. En voici un exemple frappant, tout voisin de nous, puisqu'il est emprunté aux dernières années du xviii° siècle.

Lors de la convocation des états généraux en 1789, le comte de Guibert, le fameux auteur de la *Tactique*, brigua les honneurs de la députation devant les électeurs du bailliage de Bourges. Nul, par son talent, par son courage et par son caractère, n'était plus digne d'obtenir les suffrages de ses concitoyens. Écrivain distingué, militaire de premier ordre, vaillant capitaine, il promettait à ses commettants un glorieux et utile mandataire. Mais, comme ses plans de réforme compromettaient les intérêts de ceux qui vivaient des abus qu'il voulait détruire dans l'armée, le comte de Guibert vit bientôt s'amasser contre lui une redoutable coalition de cupidités et d'ambitions aux abois. Lui, l'antagoniste acharné des coups de plat de sabre mis à la mode par de Saint-Germain, on le représenta aux électeurs comme un monstre qui ne rêvait que de *mettre les officiers aux fers et de couper les jarrets aux déserteurs !* Et ce mensonge inepte eut un plein succès ! Mais laissons la parole à M^mo de Staël (1), l'éloquent défenseur du comte de Guibert.

« Arrivé dans l'Assemblée générale des trois ordres dont il ne connaissait point les membres, il veut prononcer un discours ; aussitôt cette Assemblée entière, composée pour la plupart, ou d'hommes mal instruits des opérations du conseil de la guerre, ou de ceux qui avaient souffert de ses réformes, s'écrie : *Il a voulu qu'on mît les officiers aux fers ! Il a proposé de couper les jarrets aux déserteurs !* Jamais rien de semblable n'avait été conçu par le cœur le plus humain, et l'esprit le plus libre. N'importe, les esprits s'exaltent sur ces fausses inculpations ; ceux qui les affirment, sans y croire, croient bientôt à leur tour ceux qui les répètent ; l'impulsion devient générale, des murmures continuels empêchent M. de Guibert de faire entendre sa justification ; la noblesse retirée dans sa chambre partage cet esprit d'injustice et d'acharnement ; elle ne veut point écouter, elle ne veut point admettre M. de Guibert. Un citoyen que les lois n'avaient point accusé fut privé du premier droit des citoyens, et

(1) *Eloge de Guibert.*

l'illégalité de cette conduite ne fut effacée que par sa barbarie. »

Si la puissance de la calomnie est telle qu'elle puisse dans un collége électoral restreint, sous les yeux d'un petit groupe d'hommes qu'on pourrait croire éclairés, changer en un plomb vil l'or pur d'un noble caractère, quel esprit sincère ne s'effraierait à l'idée des ravages que ses mensonges doivent causer dans les masses, aussi profondes qu'ignorantes, du suffrage universel ?

C'est déjà faire trop d'honneur à la calomnie que de l'élever à la hauteur d'un crime politique. Elle rampe habituellement plus bas, et son vrai domaine est celui où s'exercent les criminels de droit commun. Tantôt spéculation d'un journaliste qui jette des réputations à la méchanceté publique, tantôt vengeance de lâches, qui n'osent attaquer directement, ou de gens trop vils pour demander une réparation, elle blesse en se dérobant, à la manière des reptiles. Elle n'aura même pas, comme le voleur de grand chemin, la bravoure du guet-à-pens. Par des représailles anonymes, elle s'attaquera de préférence aux âmes les plus droites, à celles qui ont l'horreur de l'injustice et la haine du mal. Massillon, ce prélat qui sut rester pauvre et modeste au milieu d'une église vénale et orgueilleuse, Massillon lui-même ne put défendre sa réputation contre les morsures du monstre.

« Ses envieux, dit une note manuscrite prove-

« nant de l'Oratoire (1), répandirent des soupçons
« très humiliants sur sa liaison avec Mme la mar-
« quise de l'Hôpital, dame très vertueuse et d'une
« réputation très intègre qu'il dirigeait. Ces bruits
« allèrent jusqu'à le chansonner, et je suis témoin
« que la dame, entrant un jour à Saint-Paul, où elle
« venait l'entendre, ce fut tout à coup un murmure
« universel dans l'église, comme si chacun se la
« fût montrée au doigt. On prétend qu'une fille de
« chambre que le P. Massillon avait fait sortir
« d'auprès de la dame l'avait, par dépit, ainsi
« décrié. »

Tout ceci nous prouve que la calomnie est, pour ainsi dire, la dernière arme laissée par nos lois entre les mains des coquins. Nos codes sont remplis de dispositions pénales pour protéger notre existence, nos maisons, nos champs, nos titres de rente. On n'y trouverait pas une seule peine contre la calomnie proprement dite. Aurait-on cessé de calomnier, ou les calomniateurs seraient-ils moins coupables qu'au temps où Platon (*Des lois*, liv. XII), leur appliquait ces paroles flétrissantes : « Ils attaquent la réputation que l'homme de bien estime autant que sa vie et qu'il désire passionnément faire passer à sa postérité ; ce qui fait comparer les calomniateurs qui attaquent cette vie civile aux homicides qui font perdre la vie naturelle. »

Les anciens ne se contentèrent pas de diriger

(1) Voy. *Une réhabilitation*, par M. A. Gazier, dans le n° du 4 déc. 1875 de la *Revue politique*.

contre la calomnie de vigoureuses satires. Aux paroles ils joignaient les actes et, chez eux, le législateur s'empressait de donner satisfaction aux dénonciations indignées de l'écrivain. Les motifs les plus concluants des dispositions pénales de l'antiquité contre les calomniateurs se trouvent en quelque sorte résumés dans ce passage de Démosthènes : « ... On « peut se garantir des autres méchants qui volent « et qui pillent tous ceux qu'ils rencontrent ; on « peut échapper à leurs embûches, ou en s'armant « et se faisant accompagner, si l'on sort, ou en « restant la nuit dans sa maison ; on peut même, « par la seule vigilance, se mettre à l'abri de l'ar- « tifice et de la fraude. Mais, où aller pour se « garantir des accusations iniques, pour se mettre « à l'abri de leurs poursuites ? »

Partant de ce principe que personne n'est à l'abri de la calomnie, quelque soin que l'on ait de n'y point donner prise, les anciens la poursuivaient avec la dernière rigueur. Malheureusement l'exagération des peines a cette conséquence déplorable que le juge hésite à les appliquer et que, peu à peu, une loi utile tombe en désuétude. Pour avoir voulu éviter cet écueil, les législateurs modernes ont échoué sur un autre. Il faut ajouter aussi que la calomnie leur a paru si ondoyante, si difficile à découvrir et surtout à saisir, qu'ils lui ont laissé le droit de circuler à son aise. Ils conviennent bien qu'un tel crime est un assassinat moral, mais ils s'avouent impuissants à poursuivre l'assassin. Ils regardent

donc la calomnie comme un mal incurable, passé
dans le sang, né avec l'humanité et n'ayant de
chance de disparaître qu'avec elle.

Cependant, que deviendraient nos propriétés ru-
rales si, invoquant pour expliquer son inaction les
difficultés qu'on trouve à protéger les champs sans
clôture, le législateur se fût contenté d'inviter les
cultivateurs qu'on pille à supporter avec résignation
un mal nécessaire? Eh bien notre réputation, comme
les moissons, est confiée à la bonne foi publique. Et
comme on a su mettre nos champs à l'abri du
pillage, nous demandons que la loi assure à tout
honnête homme la jouissance de l'estime à laquelle
il a droit. Ce qui fait la sécurité de nos campagnes,
c'est la menace que le Code pénal tient suspendue
sur la tête des malfaiteurs; ce qui fait la fréquence
de la calomnie, c'est l'impunité dont jouissent les
calomniateurs. Que de gens d'ailleurs, qui trouvent
un certain plaisir à dire du mal d'autrui sans être
pour cela tout-à-fait méchants, se corrigeraient de
leur vilain défaut s'ils réfléchissaient un seul instant aux malheurs dont ils peuvent devenir la cause?
Qui les instruira, qui leur fera une conscience déli-
cate? La loi. Car la loi pénale est le grand instituteur des ignorances coupables. Sa mission n'est pas
seulement de punir, mais d'amender. « Tout malfaiteur, dit Platon dans *Les lois* (liv. XI), pour chacun
des délits qu'il aura commis subira un châtiment
convenable en vue de son amendement. »

Si le condamné ne se corrige pas, croyez que le

jugement qui l'aura frappé ira, de la salle d'audience jusque dans le public, inspirer de salutaires effrois et de fécondes réflexions. Tel, qui rougirait aujourd'hui de s'approprier le bien d'autrui, ne voit aucun mal à priver un honnête homme de la part légitime de considération qui lui appartient. Ce délit est général, et beaucoup des gens qui le commettent n'en connaîtront vraiment l'importance que lorsque des condamnations judiciaires y auront attaché une idée de flétrissure. Un seul jugement d'un tribunal préservera ainsi plus de réputations que tous les sermons contre la médisance, qui ont été écrits ou prêchés depuis les Pères de l'Eglise jusqu'à Mgr Dupanloup.

Il ne faut donc pas que le législateur se contente d'offrir à la personne injustement accusée un moyen de se justifier devant l'opinion ; il faut aussi que, par la menace, il apprenne à ceux qui trouvent tout naturel de dire du mal des autres, sans en avoir la preuve, qu'il est aussi honteux, aussi coupable de priver un honnête homme de l'estime qu'il mérite que de lui prendre son porte-monnaie dans sa poche.

Pour n'avoir pas tenu compte de cette vérité, les lois anglaises, bien supérieures aux nôtres à cet égard, n'ont réalisé qu'un progrès incomplet. Sans doute c'est beaucoup que de fournir au calomnié le moyen d'obliger un ennemi à confesser son mensonge dans la solennité d'une audience civile ; mais ce n'est pas assez. Des dommages-intérêts ne déshonorent pas ; une condamnation à une peine, si

petite qu'elle soit, fait tache dans la vie d'un homme.
Reste à examiner quelles peines on pourrait appliquer aux calomniateurs.

« Les anciennes lois ne prononçaient contre la
calomnie que des peines arbitraires. Les lois rendues
depuis 1789 n'en ont point parlé ; il est résulté de
là que la calomnie n'a pas été suffisamment réprimée, et que l'envie ou la haine n'ont pas craint
d'attaquer la réputation des hommes les plus recommandables. »

Le projet de loi, dont le chevalier Faure exposait
ainsi les motifs devant le Corps législatif (1), de-
vait-il réparer les lacunes qu'on reprochait aux
législateurs antérieurs? Non ; car la loi de 1810, en
n'admettant que la preuve légale (celle qui résulte
d'un jugement ou de tout autre acte authentique),
ne pouvait atteindre qu'un nombre très-restreint de
calomniateurs. Dans la plupart des cas d'ailleurs —
comme l'a fait plus tard la loi de 1819 — elle ne
visait qu'un *diffamateur*, c'est-à-dire un individu
qui avait imputé méchamment à un tiers de mauvaises actions, vraies ou fausses. De cette incertitude
sur le degré de culpabilité devait naturellement
naître un système de pénalités timide, qui n'oserait frapper que des coups indécis. Il ressort en effet
de la loi de 1810 qu'un calomniateur, qui aurait
exposé un honnête homme à une condamnation à
vingt ans de travaux forcés, n'aurait pu être condamné au maximum qu'à six mois d'emprisonne-

(1) Séance du 7 février 1810.

ment? N'est-ce pas dérisoire, et ne sommes-nous pas autorisés à dire que le chevalier Faure n'avait guère le droit de critiquer les anciennes législations. Ni lui, ni le législateur de 1819 — dont les décisions sont hélas! encore en vigueur — ne sauraient se vanter d'avoir introduit dans nos codes une loi qui protège efficacement la réputation des honnêtes gens.

Cette loi n'existera que le jour où l'on renoncera à une confusion, funeste et voulue, entre le *diffamateur* et le *calomniateur* tel que le comprend le bon sens et que le désigne le langage ordinaire. Toutefois, pour obtenir ce résultat, il faudra que le législateur ait le courage de sortir des équivoques, de permettre la preuve. Il faudra aussi qu'il ne prête plus l'appui de son autorité aux projets hypocrites des gouvernements invitant les chambres à légiférer, moins dans l'intérêt de la vérité qui survit aux systèmes politiques, que dans celui d'un pouvoir dont l'existence est éphémère.

Depuis la Révolution, toutes les questions qui touchent à l'honneur des citoyens ont été sacrifiées à des nécessités ou à des appétits politiques. Le législateur a toujours écouté trop complaisamment les demandes du pouvoir — quel qu'il fût — pour prêter l'oreille aux conseils de la raison. Que voulait la raison? qu'on plaçât au premier rang, dans une loi contre la calomnie, les intérêts des particuliers, c'est-à-dire du plus grand nombre. Que voulaient les gouvernements? qu'on leur fournît un bâillon pour étouffer la voix de leurs adversaires. De là ce résultat que nos Chambres ont converti l'accessoire en principal. Noyant les affaires d'honneur, qui intéressent tout le monde, dans un déluge de dispositions contre la presse, qui ne regardaient que le pouvoir, elles ont toutes fait des lois politiques là où elles n'auraient dû avoir d'autre préoccupation que de garantir les citoyens des atteintes de la calomnie. Pour s'en convaincre, il suffit de comparer entre elles les peines qui sont appliquées, d'une part à la calomnie, de l'autre à de simples contraventions aux lois de police sur la presse.

Exemple : Un maire de la commune de Charron (Charente-Inférieure), avait fait prendre à son Conseil municipal, contrairement aux rapports très positifs des fonctionnaires académiques, deux délibérations par lesquelles l'instituteur R‴ était accusé de *concussion*, de *dilapidation* et de *vol*. L'instituteur demande à la justice la protection qu'elle lui devait contre un ennemi qui se servait de ses privilèges de fonctionnaire pour exercer une vengeance personnelle. Et le maire est condamné... à 100 francs d'amende ! ! Que l'on compare à cette peine celle qui menaçait le colporteur de journaux, qui n'avait pas eu la précaution de se munir d'une autorisation préalable. D'après l'article 2 de la loi du 16 février 1834, ce grand criminel pouvait subir, pour la première fois, six mois de prison, un an en cas de récidive !

Remarquons en passant que, dans son désir d'être

agréable au pouvoir, le législateur de 1834 n'hésite pas à déroger au droit commun, d'après lequel la peine de la récidive n'est applicable qu'autant qu'une première condamnation s'est élevée à plus d'une année d'emprisonnement (Code pén. art. 58). Mais, comme nous le voyons, cette complaisance a été victorieusement justifiée par les résultats : 100 francs d'amende pour avoir qualifié de voleur un honnête homme ; un an de prison pour avoir vendu un journal qui déplaît à M. le Préfet !

Il est vrai que la loi de 1819 (art. 18) punit la diffamation envers les particuliers d'un emprisonnement de 5 jours à un an. C'est beaucoup si le délit n'est qu'une simple diffamation ; c'est bien peu, si l'on se trouve en face d'une calomnie. Comment d'ailleurs établir cette distinction, puisque la preuve n'est pas permise ? A la légèreté des peines, voulue par la loi, se joint donc l'indulgence forcée du juge qui, dans le doute, ne sachant s'il a devant lui un simple diffamateur ou un calomniateur, n'ose appliquer que rarement le maximum. La plupart du temps, dans la crainte d'être injuste, il se contente de condamner à une amende ou à quelques jours d'emprisonnement, ressemblant en cela à ces médecins peu sûrs d'eux-mêmes, qui, de peur de se tromper, administrent des remèdes anodins destinés à conduire doucement le malade au tombeau. Le mal serait au contraire efficacement combattu si le magistrat avait le pouvoir de se prononcer sur la vérité des faits. C'est ainsi que les choses se passent en Bavière, où le législateur, par cela même qu'il autorise la preuve, ne se voit pas obligé de se contenter de peines ridiculement légères.

Ce n'est qu'en admettant le système de la preuve, qu'on pourra introduire dans nos codes une pénalité capable de mettre un frein à la fureur de la calomnie. Pour obtenir ce résultat, il faudrait d'abord établir une distinction entre la nature des faits faussement imputés, allégués ou insinués. Ou le fait tombe sous l'application d'une loi pénale, ou bien il porte seulement atteinte à l'honneur ou à la considération. Avant d'examiner ces deux hypothèses, nous devons avertir le lecteur qu'il ne sera question, en premier lieu, que de *l'auteur principal* de la calomnie, de celui qui, sciemment, avec une perversité profonde, a imaginé et mis le faux bruit en circulation. Une pénalité plus douce, réduite la plupart du temps à de simples amendes, et qui n'atteindrait que ceux qui auraient méchamment ou légèrement colporté la calomnie, sera l'objet d'un second examen.

1° *Faits tombant sous l'application d'une loi pénale.*

La dénonciation calomnieuse est le crime de ceux qui, n'ayant d'autre mobile que la haine, la vengeance ou un intérêt particulier, signalent à la justice des personnes innocentes ; la calomnie est le crime de ceux qui, par crainte du châtiment qui peut frapper les dénonciateurs, se contentent d'exposer un honnête homme à la flétrissure d'un arrêt de l'opinion publique. Est-il bien certain toutefois que l'espoir de ces derniers n'aille pas au-delà de cette basse vengeance? Est-il bien prouvé que, par les voies souterraines dont se sert leur méchanceté, ils ne comptent pas pousser leur victime jusque sur le banc des accusés? Quand la calomnie « éclate et tonne, et devient, grâce au ciel, un cri général, un *crescendo* public, un *chorus* universel de haine et de proscription ; » quand le bruit léger se transforme en rumeur publique, n'est-ce pas l'heure où le magistrat prête l'oreille? N'est-ce pas le moment où il croit entendre, dans cette immense clameur anonyme, une sorte de dénonciation? Alors vont commencer peut-être pour le calomnié les tortures d'une instruction judiciaire. Où trouver alors le dénonciateur calomnieux? Nulle part! La loi a été vraiment bien naïve de croire qu'on s'exposerait à *faire par écrit* une dénonciation calomnieuse aux officiers de justice ou de police administrative, quand, pour arriver au même résultat sans se compromettre, il suffit de confier son mensonge à la méchanceté publique. « *Bone Deus!* se compromettre! répond Basile. Susciter une méchante affaire, à la bonne heure! » De là vient que les dénonciations calomnieuses, comme l'entend notre code, sont si rares, tandis que les dénonciations par la rumeur publique sont si fréquentes. Pour être plus lâches, mériteraient-elles moins les sévérités du législateur?

Quand nous parlons de sévérités, nous exprimons le vœu que l'on ne se contente plus de punir le dénonciateur calomnieux d'un simple emprisonnement d'un mois à un an. Le droit romain et l'ancien droit étaient, avec leur rigueur, beaucoup plus près de la vérité que notre législateur moderne avec son incompréhensible indulgence. Pour être juste, celui-ci devrait au moins assimiler le dénonciateur calomnieux au faux témoin. Ce progrès une fois obtenu, il nous serait facile de donner pour base, à notre système de pénalités, le terrain même sur lequel repose la théorie du code pénal en matière de faux témoignage. Le dénonciateur calomnieux proprement dit serait puni comme le faux témoin, tandis que celui qui accuse faussement devant le tribunal de l'opinion publique, moins coupable puisqu'il n'a point essayé directement d'égarer la conscience du magistrat, verrait abaisser pour lui la peine d'un ou plusieurs degrés suivant les circonstances.

Exemple : « Quiconque sera coupable de faux témoignage en matière criminelle, dit l'article 361 du code pénal, sera puni de la peine de la réclusion. » Quiconque, dirions-nous, aura chargé injustement quelqu'un, devant l'opinion publique, d'un fait qui pourrait l'exposer à un procès criminel, sera puni d'un emprisonnement de deux ans au moins et de cinq ans au plus.

Si le fait imputé faussement ne devait conduire le calomnié que devant un tribunal jugeant en matière correctionnelle, on abaisserait encore d'un degré les peines prévues par les premier et troisième paragraphes de l'article 362 du code pénal. Remarquons en outre qu'avec l'introduction des circonstances atténuantes, le juge ne serait jamais exposé à frapper le calomniateur d'un châtiment disproportionné.

2° *Faits qui ne tombent pas sous l'application d'une loi pénale.*

A côté des assertions fausses qui menacent un honnête homme dans son repos, dans sa liberté, ou même dans son existence, il en est d'autres qui, sans l'exposer à des poursuites judiciaires, peuvent l'atteindre cruellement dans son honneur et dans sa considération. « C'est surtout chez un peuple pour qui l'honneur est le plus grand des biens, disait le chevalier Faure (1), que la calomnie doit être sévèrememt réprimée. » Comment donc se fait-il que nous ayons tant de lois pour nous protéger contre les malfaiteurs qui pillent nos propriétés, et que nous n'en ayons pas une seule pour nous défendre contre ceux qui nuisent à la réputation ? Les diffamateurs, dans le sens légal du mot, sont assez rares ; les calomniateurs pullulent. Contre ces derniers, aucune défense. Ils frappent de loin et, comme le Parthe, lancent le trait qui blesse en fuyant.

Comment atteindre les auteurs d'un mensonge qui se propage de bouche en bouche et, Protée insaisissable, change de physionomie suivant la sottise ou la méchanceté de celui qui le colporte ? Problème insoluble ! dit notre code. Et pourtant d'anciennes législations, plus pratiques ou mieux inspirées, ont essayé avec succès de le résoudre. Les lois juives, par exemple, interdisaient, même dans la conversation, tout faux rapport, tout faux bruit

(1) Motifs sur le 5° projet de loi du Code pénal.

répandu contre les autres hommes (1). De même, à Rome, la loi Remnia permettait de faire paraitre devant le préteur tout calomniateur qui, dans une *conversation particulière*, avait injustement chargé une personne de quelque crime. Les anciens avaient mis le doigt sur la plaie ; avec un diagnostic exact ils avaient trouvé le siége du mal. Ce n'est pas en effet dans des cris, *poussés ou vociférés* sur une place publique, qu'il faut aller chercher la calomnie, mais dans des conversations, dans des propos de table, de salon ou d'atelier.

Supposons que notre législateur, s'inspirant de ces sages antécédents, autorise enfin le calomnié à saisir la calomnie en tous lieux et en toûte occasion, en un mot partout où elle se manifeste. Il nous restera à voir quel genre de peine on devrait appliquer à celui qui aurait faussement imputé un de ces faits qui déshonorent, mais que la loi ne défend pas.

Après avoir posé en principe « qu'un imposteur doit être puni d'office par les bons magistrats », Panorme, le fameux canoniste, ajoutait dans son chapitre premier, *de calumniatoribus :* « S'il ne peut « être puni de la même peine, qu'il le soit du moins « d'une proportionnée à l'accusation. » Pour trouver cette proportion, il suffira de s'inspirer de la nature même des choses. Que veut le calomniateur qui attribue faussement à quelqu'un un acte coupable qui n'est pas interdit par la loi ? Ce qu'il veut,

(1) HENNEQUIN : *Des Juifs*, tome 1er, page 603, et tome 2, p. 428.

c'est signaler sa victime au mépris public, lui rendre la vie insupportable au milieu de ses concitoyens et le condamner en quelque sorte, pour fuir une honte imméritée, à un exil volontaire. N'y a-t-il pas dans ce fait un enseignement, qui semble indiquer au législateur la véritable base sur laquelle il devrait échafauder son système de pénalités ? Œil pour œil, dent pour dent, honte pour honte ! Que par une sorte de peine du talion, que par un juste retour des choses d'ici-bas, le calomniateur, à la place de celui qu'il aurait voulu contraindre à s'exiler, soit expulsé de ses foyers.

Ce genre de peine n'est pas nouveau ; il a sa tradition. Dans sa première harangue contre Aristogiton, un accusateur calomnieux de profession, Démosthènes disait aux juges : « Vous devez donc, à l'exemple des médecins qui, lorsqu'ils voient un cancer ou un ulcère corrosif, ou quelque autre mal supérieur aux remèdes, le détruisent avec le feu ou l'extirpent avec le fer, vous devez, dis-je, bannir, chasser de votre ville ce scélérat incorrigible, le retrancher du milieu de vous, et, sans attendre qu'il cause d'autres maux à l'état ou aux particuliers, prévenir les effets de sa scélératesse. »

A Rome, le coupable pouvait être rélégué non-seulement de la province où il avait commis le délit, mais encore de celle où était son domicile et de celle où il était né (1). — Le droit canon (chap. 1,

(1) Pothier : *Pandectes*, lib. XLVIII, tit. XIX, sect. I, article 2.

de calumniatoribus) porte la peine de la privation de l'Ordre, du fouet et du *bannissement* contre le sous-diacre qui a calomnié un diacre. — L'Edit de Versailles, décembre 1704, portant réglement sur les outrages faits aux militaires par les officiers de robe, disait, dans son article 6 : « Celui qui aura offensé et outragé sa partie, à l'occasion d'un procès intenté et poursuivi devant les juges ordinaires, pourra, outre les peines spécifiées ci-dessus, être encore condamné au *bannissement* ou à *s'abstenir*, pendant le temps que les juges estimeront à propos, *des lieux où il fait sa résidence ordinaire.* » Avant cet édit, l'article 12 du *Réglement des Maréchaux du 22 août* 1653 avait déjà donné force de loi à une disposition analogue. « Les juges pourront, disait cet article, outre les punitions spécifiées, ordonner encore le *bannissement*, pour autant de temps qu'ils jugeront à propos, *des lieux où l'offensant fait sa résidence ordinaire.* »

Notre droit contemporain, même à l'étranger, renferme des dispositions semblables. L'article 366 des *Lois pénales* des Deux-Siciles porte que : « l'injure sera punie de l'amende correctionnelle et du premier au second degré de prison ou de *confinement.* » Ce qu'il faut entendre par confinement, l'article 24 nous l'apprend. « Le *confinement* consistera dans l'obligation pour le coupable d'habiter une commune désignée dans le territoire de son val ou de sa province, à la distance d'au moins six milles de la commune de son domicile et de celle où le délit a été commis. En cas de transgression, la peine du *confinement* se convertira en un temps égal de prison. »

Cette interdiction d'un lieu déterminé se retrouve, comme peine accessoire, dans l'article 229 du Code pénal français. « Dans l'un et l'autre des cas exprimés en l'article précédent, (lorsqu'on a frappé un magistrat dans l'exercice de ses fonctions), le coupable pourra de plus être condamné à s'éloigner, pendant 5 à 10 ans, du lieu où siège le magistrat, et d'un rayon de deux myriamètres. Cette disposition aura son exécution à dater du jour où le condamné aura subi sa peine ; si le condamné enfreint cet ordre avant l'expiration du temps fixé, il sera puni du bannissement. »

Le texte de cet article a été vivement critiqué. Si l'on appliquait cette peine, a-t-on dit, il arriverait qu'un individu condamné pour un simple délit pourrait, par suite d'une désobéissance au dispositif du jugement, encourir la peine du bannissement ; de sorte que, pour un délit, il serait frappé d'une peine que la loi ne réserve qu'au crime. L'objection est juste ; mais, comme nous demandons au législateur de faire du nouveau, rien ne l'oblige à enter une réforme logique sur une ancienne contradiction. Il n'aurait tout simplement qu'à déclarer, comme le Code pénal des Deux-Siciles, qu'en cas de transgression la peine de *l'éloignement d'un lieu déterminé* se convertirait en une peine d'emprisonnement, dont le temps serait déterminé par le juge suivant la gravité des circonstances.

Ainsi nous demanderions, pour ce qui concerne les calomniateurs, que l'interdiction locale et temporaire leur fût appliquée comme peine principale. La société et le calomnié y trouveraient tous les deux une garantie. En obligeant le calomniateur à s'éloigner du lieu où demeure la personne outragée, la loi n'infligerait pas seulement au coupable une honte et un préjudice mérités ; elle agirait sagement et préviendrait ainsi des querelles futures. Il est en effet dans l'essence de la nature humaine de haïr celui auquel on a porté préjudice ; « *proprium humani ingenii est odisse quem laeseris.* » Ce que Tacite avait dit en si peu de mots dans sa *Vie d'A- gricola*, l'abbé Trublet l'a développé, avec beaucoup de bon sens, dans le passage suivant de ses *Essais sur divers sujets :* « On ne hait pas toujours ceux qu'on offense ; mais on hait presque toujours ceux qu'on a offensés à proportion de la grandeur et surtout de l'injustice de l'offense. Nous supposons que ceux que nous avons offensés nous haïssent, parce qu'ils ont droit de nous haïr ; et nous les haïssons ensuite, à cause de cette haine prétendue ou réelle. »

Le législateur aurait mauvaise grâce de refuser au calomnié une mesure de prudence qu'il a déjà prise pour la sécurité des victimes d'attentats de droit commun. Car il est dit dans l'article 635 du Code d'instruction criminelle : « Néanmoins le condamné ne pourra résider dans le département où demeuraient, soit celui sur lequel ou contre la propriété duquel le crime aurait été commis, soit ses héritiers directs. » Puisque notre législateur se montre si clairvoyant lorsqu'il s'agit de protéger nos immeubles ou notre existence, continuera-t-il, aveugle volontaire, à se mettre un bandeau sur les yeux quand il s'agira de notre honneur ?

Dans les deux hypothèses que nous venons d'examiner : faits qui sont punis par le Code pénal, ou faits qui ne sont pas défendus par la loi, il est bien entendu que nous n'avons réclamé la sévérité du législaleur qu'à l'égard de l'auteur principal de la calomnie. Un emprisonnement de peu de durée pourrait être infligé à ceux qui se seraient contentés de la colporter, mais avec intention évidente de nuire. Quant à ceux auxquels on ne saurait reprocher qu'un acte de légèreté, un système d'amendes permettrait au juge de les punir selon les degrés si variés de leur culpabilité.

Nous ferons toutefois observer que, dans certains cas, ceux qui auront donné sciemment une publicité exceptionnelle aux propos calomnieux par la presse, ou à l'aide de placards manuscrits, pourraient et devraient être assimilés à l'auteur principal de la calomnie. Tel mensonge, par exemple, qui ne causerait qu'un préjudice sans importance en se renfermant dans un cercle restreint de commérages, deviendrait souvent mortel à la réputation s'il était multiplié par l'organe retentissant de la presse.

Chez les Romains, qui ne connaissaient cependant qu'une publicité peu étendue, on punissait *extraordinairement*, par la relégation dans une île, tant ceux qui avaient composé des libelles diffamatoires que *ceux qui avaient travaillé à les répandre* (1).

(1) Paul, *sent. lib. 5, tit. 4, de injur.*

QUATRIÈME PARTIE

La Preuve.

CHAPITRE Ier

Tous les citoyens sont justiciables de l'opinion, dont les erreurs ne peuvent être redressées que par l'introduction de la preuve.

La première objection que l'on oppose au système de la preuve en matière de calomnie naît de l'idée fausse que l'on se fait généralement de la dignité humaine. Un orgueil mal compris n'admet pas que le premier venu, en nous imposant le devoir de nous justifier, nous oblige à lui reconnaître le droit de devenir notre accusateur. Se faisant l'interprète de cette fierté révoltée, M. de Cassaignolles disait (1) à la Chambre des députés : « Il est permis de reculer devant la crainte d'ouvrir une vaste arène, où chacun serait forcé de descendre au gré de son ennemi pour y voir dérouler, censurer, diffamer de nouveau sa vie entière, livrée à des témoins préve-nus, sans discernement, vendus à l'iniquité. »

(1) Rapport fait au nom de la Commission centrale sur le projet de loi relatif au mode de procédure sur les crimes et les délits de la presse. — Séance du 17 avril 1819.

Sans nous arrêter à la singulière critique que l'on fait ici de la preuve testimoniale, nous n'insisterons provisoirement que sur le refus dédaigneux d'accepter une mise en accusation devant le tribunal de l'opinion publique. Avons-nous, je ne dirai pas le droit, mais la possibilité de nous dérober aux jugements d'autrui? Non assurément. Pour tout homme qui vit en société, il y a nécessité de souffrir des vues, des *regards* en quelque sorte, sur sa vie publique et même sur sa vie privée. Cette investigation est dans la nature même des choses ; et il serait presque coupable de s'y soustraire. Ce qu'on a le droit de repousser, ce sont les atteintes d'une curiosité malveillante. Là seulement commence le rôle protecteur de la loi. C'est à elle qu'il appartient de fixer les limites d'une surveillance mutuelle, qui peut, selon le mobile des gens, avoir d'aussi graves inconvénients que de précieux avantages. Il serait en effet aussi puéril de méconnaître le droit qu'ont les hommes de se juger entre eux, que dangereux de leur en laisser l'exercice sans contrôle. N'est-ce pas le moment de rappeler les reproches que M. Demolombe adresse à notre Code civil, quand celui-ci repousse si mal à propos la preuve de faits fâcheux pour la morale?

« Je ne serais pas éloigné de penser, dit-il (1), que le mieux en législation, et lorsqu'il s'agit de gouverner les hommes, c'est, si j'osais dire ainsi, de les prendre comme ils sont. Il me parait très douteux qu'il y ait beaucoup d'avantages à ne pas

(1) *Paternité et filiation* ; 2ᵉ édition, n° 561.

voir ce que tout le monde voit, et à nier ce qui est certain ; on s'expose ainsi à des résultats choquants, qui mettent cette ignorance affectée de la loi en contradiction avec l'évidence des faits, et qui produisent un scandale souvent plus grand que la vérité même qu'on n'a pas voulu reconnaître et qu'on n'a pas pu dissimuler. »

Dire du mal des autres, d'ailleurs, n'est pas toujours un crime ; il y a même quelquefois du mérite à oser le faire. Les empereurs romains Valentinien et Valens, dans le titre *De famosis libellis* du Code de Justinien, promettent honneur et récompense à l'auteur du libelle qui justifiera de la vérité de ses assertions. Sans aller jusqu'à leur décerner des couronnes, notre législateur moderne a décidé que les dénonciateurs, lorsqu'ils apportent la preuve de leur allégation, non-seulement n'ont pas de faute à s'imputer, mais encore méritent des éloges. « C'est le droit, c'est souvent le devoir de leurs concitoyens, disait M. de Serre en parlant des fonctionnaires (1), de leur reprocher leurs torts et leurs fautes publiques. » M. Bignon exprimait la même pensée en termes encore plus énergiques : « La révélation de vérités prises dans la vie publique d'un fonctionnaire, utile à l'état, quoique nuisible au fonctionnaire démasqué, est, sous ce titre devenu légal de diffamation, une action *patriotique et généreuse.* »

Mais ces sages avis tombaient du haut de la tribune dans des oreilles prévenues. Aussi le soin jaloux,

(1) Discussion de la loi du 26 mai 1819.

avec lequel les députés de 1819 veillaient à la porte des fonctionnaires, n'était pas fait pour garantir ceux-ci des plus fantastiques soupçons. Quels abominables forfaits avaient-ils donc commis pour que le dogme de leur infaillibilité fût si ardemment défendu ? Ils avaient simplement servi avec trop de zèle chacun des gouvernements qu'ils avaient ensuite trahis, les uns après les autres, avec autant d'entrain. Telle est du moins l'explication, dépouillée d'artifice, que nous trouvons dans ce passage d'un discours de Royer-Collard à la Chambre des députés (1). « Il y a une considération, disait-il, qui n'est peut-être pas étrangère à la résistance que l'article éprouve. Je crois que cette résistance serait bien moindre, si les fonctions publiques commençaient aujourd'hui... Nous avons en arrière trente années dans lesquelles on a beaucoup agi et beaucoup parlé, et il est certain que si on exhumait du *Moniteur* tel discours, ou seulement les discours de tel jour... on porterait une véritable atteinte aux auteurs de ces discours... Si l'article est adopté, il sera permis, sauf la preuve, de parler non-seulement de ce qui se fait et se dit, mais de ce qui s'est fait et dit à *toutes les époques*. La question ainsi envisagée est fort grave... cependant, réduite à ses véritables termes, elle n'est autre que de savoir si vous abolirez l'histoire, s'il n'y en aura plus à l'avenir, si les matériaux en seront mis sous le scellé, si enfin cette source de

(1) Séance du 27 avril 1819.

l'instruction des gouvernements et des peuples sera
fermée pour le *repos des hommes publics...* »

Malgré toutes ces résistances, maladroites ou in-
téressées, le bon sens et la justice triomphèrent.
L'article fut adopté, et la loi de mai 1819 proclama
le grand principe de la responsabilité des fonctionnaires en permettant d'établir la vérité du fait diffamatoire, quand il est relatif aux fonctions. Le législateur de 1881 a consacré de nouveau ce système.
Il l'a même élargi en admettant la preuve des faits
diffamatoires, quand il s'agit d'imputations contre
les directeurs ou administrateurs d'entreprises industrielles, commerciales ou financières, faisant
publiquement appel à l'épargne ou au crédit.

C'est un progrès sans doute. Mais est-il suffisant ?
Les simples mortels qui n'ont pas l'honneur d'émar-
ger, les particuliers qui ne dirigent aucune entreprise financière, la loi leur permettra-t-elle au moins
d'user du droit naturel d'appeler leur calomniateur
devant un tribunal, pour l'y convaincre de mensonge, et se montrer ainsi à leurs concitoyens dans
toute la droiture d'une existence digne de respect ?
Non. La loi sur la diffamation, comme un dragon
menaçant, défend encore l'entrée de leur vie privée.
Ils auront beau vouloir l'écarter, demander qu'on
leur accorde la faveur de se protéger eux-mêmes, à
leur manière, on les repoussera dans les demi-ténèbres d'une action judiciaire qui n'éclairera personne.

« Il y a ici, entre les fonctionnaires et les simples
citoyens, disait le comte Beugnot (1), une différence

(1) Chambre des députés, 28 avril 1819.

notable et qui n'a échappé à personne. Nul n'a intérêt de scruter la conduite de son voisin et, par conséquent, nul n'en a le droit ; car ici le droit naît de l'intérêt. L'inflexibilité de la loi sur ce point est admirable, parce qu'elle est la garantie du repos des familles... En vain celui qui a diffamé appelle-t-il à son secours la vérité ! La loi le repousse ; elle lui déclare qu'elle ne veut pas même de la vérité, parce que la sécurité des citoyens est de beaucoup plus nécessaire que la preuve que l'un de ses membres est vicieux ou corrompu. »

Comment un législateur, vraiment digne de ce nom, ose-t-il soutenir que nul n'a intérêt à scruter la conduite de son voisin ? Quoi ! un chef d'institution veut s'associer un collaborateur et il n'aura pas intérêt à savoir si le professeur auquel il doit confier ses élèves a une vie sérieuse et morale ? Quoi ! un père de famille va marier sa fille, et il n'aura pas intérêt à savoir si le gendre qu'il a choisi ne serait point par hasard un homme de plaisir, un dissipateur, un débauché ? Ah ! nul n'a intérêt ; mais c'est tout le monde au contraire qui a intérêt à connaître la conduite des autres ! Cet examen est de droit, et il ne devient coupable que lorsqu'il donne naissance au mensonge. C'est à ce moment que le législateur devrait intervenir, pour fournir à celui qu'on accuse faussement les moyens de rechercher l'auteur de la calomnie et de réviser les jugements de l'opinion, qu'on a tenté méchamment d'égarer.

Nous n'irons pas cependant jusqu'à demander la

répression de la simple médisance. Etant données les tendances naturelles de l'esprit humain, cette indulgence à outrance ne saurait entrer dans la pratique de la vie. D'ailleurs, si le législateur cessait d'autoriser chacun en particulier à s'ériger en censeur des mœurs de tous, la société se priverait du frein le plus redoutable qui soit opposé, par la nature même des choses, au débordement des mauvais instincts. En ne permettant pas à l'opinion de flétrir les actes honteux, on arriverait à cette déplorable conséquence que l'on exercerait sa charité au profit des plus méchants drôles, en même temps qu'aux dépens des gens les plus honorables. Parce qu'une fille aura été débauchée, faudra-t-il pour lui éviter une humiliation, qui ne serait après tout qu'un juste châtiment, faudra-t-il qu'une jeune fille honnête, odieusement calomniée, puisse être confondue avec elle et obligée de baisser la tête sous le poids d'une honte imméritée ? Prenez garde alors qu'on ne s'habitue à ne tenir aucun compte des jugements de l'opinion. Il y a là un danger sérieux. Toutes les mauvaises actions, que les tribunaux ne sauraient atteindre, sont marquées d'une note d'infamie par le tribunal de l'opinion publique. Mais, si cette juridiction devient suspecte, si elle continue à juger et condamner sans jamais entendre le prévenu, ses arrêts deviendront à la fin l'objet de la réprobation universelle.

Par une contradiction, qui porte avec elle son enseignement, notre société se montre tout à la fois cruelle dans ses paroles et singulièrement indulgente dans ses actes. Après avoir accepté et répété avec plaisir des bruits diffamatoires, ou calomnieux, on ne refuse ni sa main, ni l'entrée de sa maison à celui dont on a contribué, pour sa part, à flétrir la réputation. Les relations deviennent banales ; on ne sait plus faire de justes exclusions. Cependant, sans avoir la mauvaise humeur d'Alceste, ne serait-il point temps de conformer sa conduite à l'idée qu'on se fait de l'homme qu'on accueille ? Où sera donc la sanction des arrêts de l'opinion, si l'on a les mêmes égards pour un honneur compromis que pour une réputation sans tache ? Nous avons dit ce qui se passe. Si ce n'est pas lâcheté, c'est donc indifférence. Et cette insouciance, à qui la reprocher ? Au législateur, qui refuse de faire ce qu'il faut pour donner aux arrêts de l'opinion l'autorité de la chose jugée. Il a trop oublié jusqu'ici que ce tribunal réclamait, comme les autres, sa procédure inflexible, ses précautions sévères pour arriver sûrement à la vérité. Qu'il se hâte donc d'agir et d'accorder à cette juridiction les garanties, qui lui mériteront le respect et la confiance des honnêtes gens ; sinon, qu'il se résigne à priver la justice d'un collaborateur qui compléterait utilement son œuvre.

Et ce n'est pas seulement l'opinion publique qui demande à être éclairée. Le système de la preuve est d'une nécessité tellement évidente que les tribunaux, malgré la défense formelle de la loi, lui donnent droit d'asile dans les procès en diffamation. C'est une espèce de fraude commise timidement, comme

toutes les fraudes, et qui, par suite, ne rend pas à
la vérité les services qu'on se propose de lui rendre.
Peu à peu, pour voir clair, peut-être aussi par
pitié pour un honnête homme qui aspire à se
justifier malgré les entraves du Code, les magistrats
ont autorisé le plaignant en diffamation à démontrer
la fausseté des faits qu'on lui a méchamment im-'
putés. Voie périlleuse, condamnée dès le début par'
un arrêt de rejet du 2 février 1827.

Comment admettre, en effet, qu'on accorde au
plaignant le droit de se justifier sans accorder au
prévenu celui de faire la preuve contraire ? La Cour
de cassation avait mille fois raison. Mais l'usage a
prévalu. L'urgence de la preuve s'est insensiblement
imposée aux juges (1), malgré l'énorme injustice

(1) Devant le tribunal de Bar-le-Duc un médecin intente
un procès en diffamation à un journaliste qui lui reprochait
d'avoir pratiqué une opération chirurgicale à la suite de
laquelle le patient avait succombé. Le médecin allègue que
cette imputation a causé la perte de sa clientèle. Alors le
tribunal, envisageant la question d'intérêt général, autorise le
journaliste à faire la preuve des faits qu'il avait avancés.
Mais la Cour de Nancy réforme cette décision et refuse l'enquête. Avec raison, au point de vue du droit, puisque le
tribunal de première instance avait eu le tort de n'écouter
que les conseils du bon sens et de l'équité. Seulement la
Cour proclame en même temps *de plano* la fausseté des
imputations. Etrange contradiction, puisqu'elle ne permet
pas la preuve ! Entre ces deux juges, se trompant chacun à
leur manière, qui ne préférerait celui qui violentait les textes
pour rechercher de bonne foi la vérité ? Tel est aujourd'hui
l'état inextricable de notre législation. (Voir la Gazette des
Tribunaux du 20 avril 1887.)

qu'il y a à n'écouter dans un procès que la voix d'une des parties. Il n'est pas aujourd'hui de plainte en diffamation où un commencement de preuve ne soit tenté par le plaignant, ou par le ministère public, tandis qu'on étouffe impitoyablement la réplique dans la bouche du prévenu. Quelle situation! Des magistrats qui violent la loi par esprit d'équité! Tel est le malaise entretenu par une législation qui n'a pas le courage de regarder le mal en face pour y porter remède. Et cependant la blessure faite à la justice saigne encore tous les jours. Un exemple entre mille :

A la suite d'un procès en diffamation, le tribunal correctionnel de Blois rendit, à l'audience du 27 août 1875, un jugement auquel nous empruntons seulement les motifs suivants (1) :

« Attendu que Ch***, en travestissant ainsi tous
« les faits, s'est livré contre le plaignant à des
« appréciations malveillantes et dictées par un
« esprit haineux et passionné qu'on ne saurait trop
« flétrir ;

« Attendu d'ailleurs que ces faits ainsi exposés par
« Ch., fussent-ils vrais, tomberaient encore sous
« l'appréciation de la loi pénale, parce qu'ils sont
« empreints d'une forme tellement acerbe, qu'ils

(1) Nous pourrions citer les noms. Mais nous tenons à prouver ici, comme dans tout le reste de notre Étude, que nous n'avons pour but que la recherche de la vérité. Les questions de personnes nous préoccupent peu ; ce sont les idées qui nous paraissent fausses que nous attaquons.

« révèlent manifestement l'intention de nuire, mais
« que leur fausseté calculée ajoute encore à la
« gravité de l'inculpation. »

Pour les juges du tribunal correctionnel de Blois,
tous les faits imputés par le journaliste sont *manifestement contraires à la vérité* et *leur fausseté
calculée ajoute encore à la gravité de l'inculpation.*
Ils sont donc certains de se trouver en face, non pas
d'un simple *diffamateur*, qui aurait imputé des faits
vrais avec l'intention de nuire, mais d'un *calomniateur* proprement dit, d'un homme qui a prémédité
froidement son mensonge avant de lui donner une
publicité criminelle. En présence des circonstances
aggravantes qu'ils découvrent et signalent dans
l'affaire, ils doivent donc regretter amèrement que
l'art. 18 de la loi du 17 mai 1819 ne leur permette
d'appliquer au coupable qu'un maximum d'un an
d'emprisonnement et de deux mille francs d'amende ?
Eh bien, non ! le calomniateur est condamné à *dix
jours* d'emprisonnement et *cinq cents* francs d'a-
mende ! !

Pourquoi cette étrange contradiction entre la
sévérité des motifs du jugement et la légèreté relative de la peine appliquée ? Pourquoi ? Parce que,
tout en autorisant un homme outragé à balbutier un
commencement de preuve contre son diffamateur,
ils ne peuvent s'empêcher d'entendre les avertissements de leur conscience, qui se révolte et leur
crie qu'il y a quelque chose de monstrueux à écouter
un réquisitoire quand on met un bâillon à la défense.

Parce que, s'ils ont pitié d'un honnête homme qui souffre dans son honneur et demande à se justifier, ils ne se sentent pas, d'un autre côté, assez maîtres de la vérité pour condamner rigoureusement un prévenu à qui l'on a retiré le droit de faire la preuve. De là, des compositions, auxquelles la justice n'a rien à gagner. Car il est certain que, par leur tendance à rechercher si le fait est vrai, les tribunaux se mettent en contradiction avec les prescriptions du Code en matière de diffamation. Spectacle dangereux et qu'il est imprudent de donner à la foule. Puisque la nécessité de la preuve, lorsqu'il s'agit d'attaques à la réputation, s'affirme d'une manière si éclatante, pourquoi s'obstiner à prolonger une crise qui place les magistrats dans cette cruelle alternative ou d'altérer la vérité, ou de manquer ouvertement au respect qu'ils doivent aux lois?

Le législateur ne sortira de cette impasse qu'en introduisant dans nos Codes une action en calomnie, à côté de l'action en diffamation. Celle-ci assurera une sécurité légitime à ceux qui, n'étant pas sans reproches, font de louables efforts pour se réhabiliter ; celle-là, mettant l'honnête homme à l'abri du supplice des hontes imméritées, lui fournira les moyens de confondre son calomniateur et de redresser les jugements erronés de l'opinion publique.

CHAPITRE II

Histoire abrégée de la preuve.

Les idées, comme les individus, sont quelquefois victimes de préjugés aristocratiques. Comme certaines familles ferment leur porte aux parvenus, beaucoup de gens refusent l'entrée de leur intelligence à tout aperçu nouveau, qui ne présenterait pas de titres sentant leur vieux parchemin.

Sans remonter au déluge, nous pensons que notre système de la preuve trouvera des quartiers de noblesse suffisants dans l'antiquité grecque et romaine. A Athènes, suivant une loi de Solon, le diffamateur qui ne prouvait pas la vérité de son imputation devait être puni (1). A Rome, l'ancien droit, sans faire de distinction entre la médisance et la calomnie, frappait également l'une et l'autre. Mais, avec les progrès de la jurisprudence, on reconnut bientôt qu'il y aurait injustice pour les particuliers et danger pour la société à ne pas

(1) SAM. PETIT : *Leg. attic.*, p. 641 ; édit. de Wesseling.

permettre la révélation de certains faits, qui pourraient compromettre les intérêts publics. De là le fameux texte de Paul : « Il n'est ni bon, ni juste, « de condamner celui qui a décrié un homme vicieux, « parce qu'il faut et il est utile que les vices de « pareils hommes soient connus (1). »

Les adversaires du système de la preuve, se prévalant d'un texte du Code Théodosien, ont soutenu qu'il ne suffisait pas, pour échapper à la peine de l'injure, d'avoir prouvé la vérité des faits allégués. La constitution de Constantin voulait, en effet, que l'auteur d'un libelle diffamatoire fût livré au supplice, bien qu'il eût prouvé la vérité de son imputation ; seulement on oublie de dire que cette disposition, toute de circonstances, ne s'appliquait qu'à un cas particulier. On n'en retrouve aucune trace dans le Code de Justinien, où l'on décerne au contraire des récompenses à l'auteur du libelle qui justifierait la sincérité de ses assertions.

Si l'on craint que le droit romain ne soit trop raffiné et qu'il ne s'éloigne trop de la nature, consultons les législations semi-barbares du Moyen-Age.

Chez les Orientaux, la loi de Mahomet punit de la fustigation « les calomniateurs convaincus d'avoir

______

(1) « Eum qui nocentem infamavit, non esse bonum et œquum ob eam rem condemnari ; peccata enim nocentium nota esse opportere et expedire. » L. 18 Dig. *de injur. et fam. lib.*

« *accusé à tort* quelque femme d'honneur d'adultère, s'ils ne se rétractent et convertissent (1). »

En Espagne, au XIᵉ siècle, « celui qui avait reçu une injure pouvait, suivant les *Partidas*, en demander la réparation, même quand elle avait été proférée en son absence. Mais si on lui *prouvait la vérité* du fait injurieux, que lui imputait la partie adverse, il n'avait plus d'action contre elle (2) »

En France la Loi salique, dans son titre XXXII, consacre le droit de prouver les imputations ayant un caractère déterminé, même celles qui ne se rattachent qu'aux mœurs privées. Mais c'est surtout dans les Coutumes que l'on rencontre le plus fréquemment l'application de la preuve en matière d'outrages.

Mathieu, qui régnait en 1138 sur les duchés de Lorraine et de Bar, établit la disposition pénale suivante contre l'injure. « Celui qui appellera une « femme p... ou m..., *apportera preuves*, ou paiera « de son argent et avoir 50 sous deniers d'ar- « gent (3). »

« L'injure était punie par diverses coutumes de Bigorre, dit M. de Lagrèze dans son *Histoire du droit dans les Pyrénées*; mais, au contraire des lois actuelles, la preuve des faits diffamatoires était permise.

(1) *Cosmographie de Belleforest*, tome 2, p. 1218.

(2) *Histoire du droit criminel de l'Espagne*, par ALBERT DU BOYS.

(3) *Justice criminelle des duchés de Lorraine et de Bar*, par M. DUMONT.

« L'article 41 de la coutume de Guiserix porte que celui qui aura proféré des paroles grossières, et qui ne pourra *prouver* ce qu'il aura dit, sera condamné à 10 sous tolozans, la moitié pour le seigneur et l'autre moitié pour les consuls, et à des dommages-intérêts fixés à l'arbitraire des consuls. »

Le droit ecclésiastique, comme la plupart de nos anciennes coutumes, édicta d'abord des peines contre ceux qui ne réussissaient pas à établir la preuve des faits injurieux qu'ils avaient imputés. Ainsi le pape Adrien condamnait au fouet les auteurs de libelles diffamatoires qui ne *pouvaient prouver* ce qu'ils avaient avancé. Le droit canon posa même en principe que celui qui avait porté contre quelqu'un une *fausse* accusation devait, en expiation de son mensonge, subir une peine qui le déshonorerait : « Omnis qui aliis *falsa* intulerit, puniatur, et pro *falsitate* ferat infamiam (1). » Cette règle générale donnait lieu dans la pratique à des applications diverses prévues par des textes. Ainsi, un sous-diacre, qui avait accusé *faussement* un diacre, était privé de son sous-diaconat, fouetté publiquement et exilé (2) ; de même le dénonciateur qui échouait dans la preuve était suspendu de son office et bénéfice, jusqu'à ce qu'il eût prouvé son innocence (3).

S'inspirant d'une décision du concile de Laodicée, le droit ecclésiastique abandonna peu à peu le sys-

---

(1) Gibert : *Corpus juris canonici*, tractatus de judiciis.
(2) *Decretales Gregorii noni*, Lib. V, Tit. II, cap. I.
(3) Id., Cap. 2.

tème de la preuve des faits diffamatoires, pour lui en substituer un autre qu'il crut plus conforme à l'esprit de charité du christianisme. Au lieu du fameux axiome : *eum qui nocentem,* il prit dès lors pour base une formule plus douce du législateur romain : *Veritas convicii non excusat, injuria ex affectu facientis consistit.*

On comprend que le droit canonique, s'inspirant de certains principes de charité, ait ainsi préféré l'indulgence, qui se fait aveugle volontaire, à la jus-tice, qui veut voir clair pour frapper le coupable. Mais que le législateur civil l'ait suivi dans cette voie, c'est ce que tout homme, animé d'un sincère amour de la vérité, ne saurait trop regretter. Il en fut ainsi pourtant. Reniant son passé, notre ancien droit s'habitua à donner asile à des dispositions qui dé-fendirent la preuve en matière d'injures. La *Nou-velle Coutume de Bretagne,* par exemple, posait ce principe dans son article 672 : « Qui prouve injure « lui avoir été foite, l'injuriant n'est receu, pour « atténuer la réparation de l'injure, à vérifier le « fait par lequel il l'a injurié. »

Conformément à cet article, d'Argentré affirme « qu'il n'est pas permis de dire à quelqu'un une in-« jure, quoique vraie, offrant d'en prouver la vérité... « et qu'il en a vu plusieurs punis par des réparations « et condamnés aux dépens, pour avoir injurié en « pareil cas. »

Telle fut la règle adoptée dès lors par la plupart des auteurs. Il y eut cependant des exceptions pour

certains cas. « Quand il s'agit de libelles diffama-
« toires, dit Jousse (1), la jurisprudence, *assez gé-*
« *néralement* reçue, est que la vérité des injures qui
« y sont contenues n'excuse jamais celui qui en est
« l'auteur. » *Assez généralement*, dit Jousse ; il y
avait donc certaines espèces où le juge autorisait la
preuve. « L'injure ne se punit point, dit encore
« Jousse, dans celui qui repousse une injure par
« une autre injure, lorsqu'elle est repoussée sur le
« champ. Mais il faut pour cela, en premier lieu,
« que l'injure qui a été proférée par l'agresseur soit
« *fausse* et que celle qui est dite en repoussant soit
« *vraie.* »

Tout en déclarant « que la justice affecte sagement de regarder les imputations, même les plus
vraies, comme autant de calomnies, » Dareau
ajoute (2) qu'on permettait quelquefois à l'accusé de
vérifier la réalité des imputations. Mais ces exceptions ne faisaient que confirmer une règle qui con-
duisait dans la pratique, avec le système des *réparations*, à des contradictions révoltantes. Tel est un
arrêt du 15 décembre 1679, condamnant un particulier « qui en avait appelé un autre banqueroutier
« (quoique l'injure fût véritable), à demander par-
« don à l'offensé en sa maison, et à déclarer en
« présence de six marchands des amis du deman-
« deur, du syndic des Marchands, et du juge, que
« mal à propos il l'avait calomnié et offensé, et

(1) *Traité de la Justice criminelle*, part. IV, tit. 24.
(2) *Traité des injures*, chap. I⁰ʳ, sect. 1ʳᵉ, n° 5.

« *qu'il le tenait pour homme de bien et d'honneur.* » ·

Cette obligation, imposée à l'offensant, de reconnaître un banqueroutier pour homme de bien et d'honneur, fera sourire nos jurisconsultes. Cependant ils auraient tort de regarder en pitié une législation qui, toute naïve qu'elle leur semble, contient la substance même de notre loi actuelle sur la diffamation. S'il est vrai que nous n'ayons plus dans nos codes la *réparation authentique*, pour mettre si vivement en lumière le vice radical du système qui n'admet pas la preuve, ne nous hâtons pas d'excuser le législateur de 1819. Toute la différence est dans la forme, et nous ne sommes pas plus parfaits parce que nous portons des costumes moins démodés. Pour être reliée à la moderne, notre loi sur la diffamation n'est pas moins arriérée que les vieux traités des injures à tranches rouges et à couvertures de veau.

Opposons donc jurisprudence à jurisprudence, et à l'arrêt vieilli, qui nous fait hausser les épaules, comparons un de nos récents jugements. « Il y a peu de temps, disait le *XIX° Siècle* dans son numéro du 16 août 1876, M. O***, fort connu sur le boulevard, et qui en était à sa onzième rencontre, fut tué en duel. Le bruit se répandit qu'on l'avait trouvé revêtu d'une plaque métallique ressemblant beaucoup plus à une sorte de cuirasse qu'à un bandage herniaire.

« Une discussion s'éleva sur la question de savoir si le combat avait été loyal, et un journal se fit l'écho d'appréciations peu favorables à la victime du duel.

« La mère de M. O··· crut devoir prendre la défense de la mémoire de son fils ; elle fit un procès en diffamation et le gagna.

« Or, peu de temps après, l'adversaire de M. O··· et les témoins du duel furent traduits devant la Cour d'assises. Là, le débat roula uniquement sur la question de savoir si le duel avait été loyal, et il résulta de l'ensemble des témoignages que M. O··· n'avait pas de hernie, que la plaque métallique n'était pas un bandage, qu'il ne l'avait revêtue que deux ou trois fois, notamment lors d'une précédente rencontre. Ce duelliste portait donc une cuirasse ; le fait était *prouvé*, hors de doute pour tout le monde, et cependant, quinze jours avant, un journal avait été condamné comme *diffamateur* pour l'avoir énoncé ! »

A part la *réparation authentique* qui n'est plus dans nos mœurs, quelle différence pourrait-on voir entre les résultats de ce jugement et ceux de l'arrêt que nous avons emprunté à notre ancien droit? Celui-ci protège l'honneur d'un banqueroutier, celui-là défend la réputation d'un duelliste déloyal. Dans les deux cas, même mépris de la vérité, même protection accordée à des gens indignes, tandis que la loi, comme conséquence immédiate d'une si mauvaise application de la *charité chrétienne*, refuse aux honnêtes gens calomniés le droit de confondre leurs calomniateurs en obligeant ceux-ci à faire la preuve.

L'ancien droit, qui avait renié sur ce point les vrais principes consacrés par nos Coutumes, est donc bien l'ancêtre de notre loi de 1819 sur la diffamation. Et, tandis que le législateur français s'obstine à conserver une disposition que le bon sens et l'équité condamnent, autour de lui, dans des pays voisins, même dans des contrées lointaines qu'il traiterait volontiers de barbares, d'autres législateurs, plus désireux de protéger l'honnête homme outragé que de défendre la réputation de gens tarés, donnent une large place dans leurs Codes au système de la preuve.

En Angleterre, devant la justice criminelle, la preuve est permise quand la société est intéressée à ce que les faits diffamatoires soient publiés. Au civil, la preuve est de droit.

Le Code pénal de Belgique distingue (art. 1314 et suiv.) la *calomnie* de la diffamation proprement dite, qui est punie moins rigoureusement. La législation prussienne admet aussi, dans tous les cas (Code pén. de 1851, § 157), la preuve de la vérité des faits prétendus diffamatoires, pour exclure ou atténuer la culpabilité du prévenu.

Après avoir dit dans son article 284 : « quiconque imputera *faussement*... » le Code pénal bavarois ajoute, dans l'art. 285 : « la *fausseté démontrée* de l'assertion sera rendue *publique*, si l'offensé le demande... »

A cette disposition qui permet à l'honnête homme calomnié d'en appeler ouvertement à tous ses concitoyens, que l'on compare le régime de silence imposé par notre loi sur la diffamation interdisant, même à celui qui veut le grand jour, la publicité des débats!

D'où vient cette infériorité de la loi française? d'où vient son obstination à conserver des règles qui ne peuvent protéger efficacement la réputation des honnêtes gens? Comment se fait-il que, dans un pays où le point d'honneur est si délicat, où le bon sens est si général, on place le calomnié dans l'impossibilité de confondre ses ennemis, sous ce prétexte qu'il faut avoir des égards pour ceux qui ont réellement des fautes à se reprocher? Ce contre-sens et ce malaise s'expliquent par la folle terreur que la presse inspire chez nous à la plupart des gouvernements. La loi sur la diffamation n'a jamais été, à travers toutes les modifications que le temps lui a fait subir, qu'une machine de guerre dirigée contre la liberté de discussion. Qu'importe la réputation des particuliers! La grosse affaire, c'était de fournir au pouvoir un arsenal où il trouverait des armes toujours prêtes, fussent-elles depuis longtemps rouillées, pour frapper ses adversaires ou défendre ses créatures. Or, comme nos gouvernements ont presque toujours disposé chez nous de la puissance législative, soit par l'intimidation qu'ils exercent sur les électeurs, soit par les promesses qu'ils leur font, ils n'ont que trop souvent réussi à imposer leurs volontés aux Chambres. Dans les luttes parlementaires, les minorités ont seules défendu le drapeau du progrès, sans jamais réussir pourtant à le planter définitivement sur la forteresse où tiennent encore tous les abus.

Quelquefois, il faut le dire, le pouvoir, par l'intermédiaire d'un de ses ministres, laissait tomber de l'eau bénite de cour du haut de la tribune. C'est ainsi qu'on vit **M.** de Serre proposer lui-même le système de la preuve comme le seul qui fût capable, de satisfaire l'honnête homme calomnié. « Forcé dans son dernier retranchement, disait-il en parlant du calomniateur (1), la justice éclatante et non équivoque de sa condamnation épure entièrement l'honneur de l'offensé, au lieu d'y porter une nouvelle atteinte, comme il arrive trop souvent dans ces sortes de causes. » Après **M.** de Serre, **M.** Cassagnoles se chargea de démontrer la nécessité de l'introduction de la preuve dans l'intérêt même du prévenu. « Celui, dit-il (2), qui a diffamé en employant le mensonge est évidemment plus coupable que celui qui n'a fait que révéler la vérité. Son délit renferme plus de malice ; il est véritablement sans excuse ; il doit des dommages plus amples que celui qui a proclamé des faits réellement existants et n'a attaqué qu'une réputation déjà perdue, ou du moins usurpée. Le prévenu a donc un intérêt sensible à faire la preuve des faits qu'il a imputés ; et lors même qu'on prétendrait qu'il ne serait pas absous par la vérité de ces faits, il suffit qu'elle doive lui obtenir une modération dans la peine et dans le dommage, pour qu'elle ne puisse être refusée sans injustice. C'est donc au nom de la justice distribu-

(1) Exposé des motifs de la loi du 17 mai 1819.
(2) Chambre des députés, séance du 17 avril 1819.

tive qu'il demandera à prouver ce qu'il aura un intérêt sensible à prouver. »

Puisque les auteurs de la loi de 1819 font eux-mêmes notre besogne (1), nous n'appuierons pas davantage sur l'utilité qu'il y aurait, pour le prévenu aussi bien que pour le plaignant, à introduire dans nos codes le système de la preuve. Il nous restera donc seulement à examiner la valeur des objections que l'on oppose à une réforme dont les avantages seraient si précieux, tant pour la société que pour les particuliers.

(1) Nous n'avons rien à dire ici de la loi de 1881, qui a consacré à nouveau le système de 1819. Dans la discussion à laquelle elle a donné lieu, on ne retrouve guère que les mêmes arguments pour et contre. Quant à l'innovation qu'elle a introduite, à propos des directeurs d'entreprises industrielles, etc., nous nous sommes expliqués sur son insuffisance dans la première partie de cet ouvrage.

CHAPITRE III

Ce que valent les objections contre la preuve.

L'article 20 de la loi du 26 mai 1819, dans le
cas d'imputations contre les dépositaires ou agents
de l'autorité, permet au prévenu de prouver les faits
par toutes les voies ordinaires. Cet article ne passa
dans la loi qu'après une vive discussion, où se rencontrent les principales objections qu'on a l'habitude
de diriger contre le système de la preuve.

Jacquinot-Pampelune, par exemple, n'aurait trouvé
aucun inconvénient à laisser au prévenu la faculté
d'administrer pour sa justification des preuves résultant d'un jugement; mais il eût considéré comme
dangereux de lui permettre de produire à l'audience
toute autre pièce écrite. D'autres qui, moins exigeants, consentaient à ne point faire de distinction
entre les preuves écrites, repoussaient toutefois avec
énergie l'emploi de la preuve testimoniale.

C'est encore aujourd'hui cette preuve qui a le don
d'exciter la colère des habiles et la terreur des ti-

mides. Les arguments que l'on produit contre elle n'ont pas changé depuis la discussion de 1819. Les uns sont hypocrites, parce qu'ils n'ont pour but réel que de fournir au pouvoir les moyens de rendre presque impraticable toute attaque dirigée contre un fonctionnaire; les autres n'ont que la valeur de lieux communs inspirés par des craintes chimériques. Les premiers comme les seconds ne purent en 1819 soutenir le feu de la discussion et tombèrent sur le champ de bataille parlementaire, d'où ils furent plus tard relevés par la routine ou par la mauvaise foi.

Toute l'argumentation, dont on se sert habituellement contre la preuve testimoniale, se trouve résumée dans le passage d'un discours de Jacquinot-Pampelune. « Le genre de preuve, dit-il (1), qu'à mon sens il est impossible d'admettre sans tout bouleverser, c'est la preuve testimoniale. La loi qui se défie toujours de ce genre de preuve, et qui ne puise dans la corruption humaine que de trop justes motifs de cette défiance, la loi ne l'admet jamais qu'à regret; en matière de crimes et de délits, elle est forcée d'y recourir, parce qu'il n'en existe pas d'autres; en matière civile, dès qu'il s'agit d'un intérêt qui excède la modique somme de 150 francs, elle le repousse et l'interdit expressément. »

Farouche défenseur des corps constitués contre les agressions de la parole ou de la plume, Jacquinot-Pampelune était ce député ministériel qui justifia les cours prévôtales et, en toute occasion, s'éleva

(1) Chambre des députés, 27 avril 1819.

avec passion contre la liberté de la presse. Son zèle alla jusqu'à prétendre que la Chambre restât maîtresse d'accorder ou de refuser un défenseur aux accusés cités devant elle pour offense. L'intervention d'un tel orateur suffit seule pour signaler l'arrière-pensée qui animait son raisonnement. Ce qu'il voulait, en attirant le mépris sur le genre de preuve le plus facilement réalisable, c'était écarter des fonctionnaires le danger d'une surveillance qu'on trouvait aussi préjudiciable à leur repos qu'à leur honneur. En repoussant comme indigne la preuve testimoniale, en n'admettant contre eux que le témoignage d'un jugement ou de tout autre acte authentique, on condamnait par le fait même à l'impuissance les plaintes les plus légitimes.

Ce secret dessein fut deviné, et, dans la séance même, combattu avec force par le député Bedoch. « Le fonctionnaire a une vie publique, dit-il, il en doit compte à l'autorité supérieure ; mais il en doit également compte à ses concitoyens. Si un acte de ce fonctionnaire est illégal, abusif, on doit avoir le droit de le faire connaître, à la charge d'en apporter la preuve... Mon domicile a été violé par des agents de l'autorité, il n'y a point eu d'acte, point de procès-verbal ; mais il y a eu notoriété publique, et je ne serais pas admis à fournir la preuve testimoniale, la seule que je puisse fournir ! Un préfet m'aura repoussé durement dans une réclamation, il aura refusé de m'entendre, de me répondre, vingt personnes l'auront vu, et je ne pourrais les citer en témoignage, et si je l'imprime je serai diffamateur ! »

Dans la séance suivante, Cuvier compléta la réfutation de son collègue. « En vous bornant à la preuve légale, dit-il, vous ramenez le scandale de faire déclarer que l'arrêté d'un préfet, affiché dans le département, apporté à l'audience, n'est pas une preuve du fait qu'on lui impute et qui est contenu dans le texte de cet arrêté... Il est des cas où il est absolument nécessaire d'admettre la preuve par témoins. Il y a beaucoup d'injustices, de crimes même des fonctionnaires qui ne pourraient jamais se prouver autrement. Je suppose un professeur qui, dans son enseignement public, outragera la majesté royale, ou qui prononcera des choses contre les bonnes mœurs. Je suppose un ministre de la religion qui, sous un prétexte de conscience, excitera le peuple à la révolte. Voilà des délits qu'il est nécessaire, suivant leur gravité, de signaler à l'opinion publique et qui ne pourraient pas être reconnus sans la preuve verbale. »

A côté de l'arrière-pensée politique, si bien démasquée par les deux orateurs que nous venons de citer, il y avait encore à faire justice des attaques générales dirigées contre la preuve testimoniale. Royer-Collard porta le premier coup à cette objection, aussi banale qu'injuste. « Je ne crois pas, dit-il, que la distinction entre la preuve écrite et la preuve testimoniale doive être admise. La preuve testimoniale devant les jurés n'a pas le même inconvénient que devant les anciens tribunaux, où l'on comptait les témoignages comme des fractions de la preuve. Aujourd'hui il n'en est pas ainsi, le jury ne compte pas les témoignages, il les apprécie... et il n'appartient qu'à lui de préférer un seul témoignage à cent, à mille témoignages suspects qui se produiraient devant lui. »

Courvoisier, dans la séance du 29 avril, termina la lutte par une riposte de bon sens. « On vous effraie à l'idée de faux témoins, dit-il... J'invoque sur ce point l'expérience de tous les magistrats qui siègent en cette enceinte ; qu'ils nous disent si le faux témoin n'est pas toujours la pièce de conviction la plus forte contre le prévenu qui le fait entendre. Avant même qu'il n'ait levé la main pour jurer qu'il va produire la vérité, rien que la vérité et toute la vérité, dans le sanctuaire de la justice, la majesté du lieu le déconcerte. Il trahit lui même son parjure... Le faux témoin ne fait qu'éclairer le juge et le disposer à la rigueur contre le coupable qui, devant lui, se souille d'un crime pour se justifier d'un délit. »

Jacquinot-Pampelune aurait pu toutefois reprocher à ses contradicteurs de n'avoir pas répondu à la partie de son argumentation qui reposait sur la défiance de la loi, quand celle-ci repousse la preuve testimoniale dans les affaires civiles où la somme en litige dépasse 150 francs. Si la défiance était, comme le prétendait ce député, la véritable cause de la distinction établie entre les affaires civiles et les causes criminelles, il faudrait en tirer cette monstrueuse conclusion que le législateur attache plus de prix à une somme de 151 francs qu'à la vie ou à l'honneur des citoyens. Car si, à ses yeux, la preuve testimoniale n'a de valeur que jusqu'à la concurrence de 150 francs, on ne devine pas comment il tolèrerait, au criminel, l'emploi d'une preuve qui peut conduire un innocent à l'échafaud, sous ce prétexte cruellement grotesque « qu'il n'en existe pas d'autres ! »

Non ! la différence entre la preuve qu'on exige en matière civile et celle qui est usitée en matière criminelle ne vient pas d'une défiance du législateur. La distinction que celui-ci a établie tient à la nature même des choses. Au civil, le législateur avait le devoir, puisque cela lui était facile, d'imposer un genre de preuve qui entraîne immédiatement la conviction par elle-même sans qu'il soit besoin de l'entourer de preuves accessoires. Il a donc voulu que les contrats fussent écrits et que, cette règle une fois posée, nul ne pût s'y soustraire. Au criminel au contraire, où, dans la plupart des cas, la preuve testimoniale seule est possible, il n'y avait plus de choix. Mais, parce que cette preuve s'imposait à lui, le législateur n'a ni pensé, ni laissé supposer qu'elle ne fût pas capable d'entraîner la conviction. Ce qu'il a seulement voulu, c'est que le juge ne l'acceptât qu'avec les garanties dont elle doit être entourée. Qui ne sait d'ailleurs qu'un témoignage se présente rarement isolé, sans qu'il soit contrôlé ou par des circonstances matérielles, ou par des faits antérieurs, quelquefois personnels à l'accusé ?

Si la loi avait eu les défiances que lui prête si généreusement Jacquinot-Pampelune, nous ne voyons pas bien à quel point précis devraient s'arrêter ses craintes. Après avoir douté du principe même de la preuve, ne serait-elle pas obligée, pour être logique, d'établir parmi les témoins de nouvelle. catégories de suspects? Une fois sur cette pente, rien ne l'arrêterait, et nous la verrions peut-être arriver jusqu'aux précautions bizarres des lois indiennes. Suivant cette législation, « on doit se défier, dit le P. Bouchet (1), des témoins qui sont encore jeunes ou qui passent soixante ans et de ceux qui sont pauvres ; pour ce qui est des femmes, il ne faut jamais les admettre, à moins qu'une nécessité absolue n'y oblige... Ils (les Indiens) ont une plaisante idée du témoignage que portent les borgnes, les bossus et ceux qui ont quelque difformité semblable. « L'expérience, disent-« ils, nous a appris que le témoignage de ces sortes « de gens est toujours très suspect, et qu'ils sont « beaucoup plus faciles que d'autres à se laisser « corrompre. »

Voilà le côté absurde de l'objection qu'on oppose le plus souvent à l'emploi de la preuve testimoniale ; en voici maintenant le côté hypocrite. Ce genre de preuve contre lequel on crie haro, ce maudit, ce pelé, ce galeux d'où venait tout le mal, la loi de 1819 l'avait pourtant admis ! Il est vrai que cela ne dura

(1) Lettres du P. Bouchet au président Cochet de Saint-Vallier, 20 oct. 1714; tome 8 du *Choix des lettres édifiantes écrites des Missions étrangères.*

pas longtemps ; la Restauration rougit bientôt d'avoir eu un commerce illicite avec la liberté. Aussi, l'art. 18 de la loi de 1822 s'empressa-t-il d'effacer la tache que la preuve testimoniale avait faite dans nos codes. Remise en vigueur par la loi du 8 octobre 1830, cette preuve fut naturellement laissée de nouveau sous la remise par le décret du 7 février 1852. Nous nous trompons ; elle eut alors une bonne fortune inespérée.

Les pouvoirs despotiques ont en effet une façon étonnante de respecter les anciennes lois ; ils y prennent ce qui leur convient et condamnent le reste à moisir dans un oubli volontaire. C'est ce que fit, en cette circonstance, le législateur du Coup d'Etat. Se gardant bien de s'expliquer sur le droit du plaignant d'opposer une preuve contraire à la preuve écrite du prévenu, il permit à ses fonctionnaires de se défendre avec la preuve testimoniale non abrogée de la loi du 26 mai 1819, tandis que le citoyen courageux, qui les accusait, ne pouvait prouver sa sincérité qu'avec la preuve écrite de la loi de 1822, remise si jésuitiquement en vigueur !

On voit donc que la preuve testimoniale a parfois du bon et que les gouvernements les plus difficiles — pour les autres — ne dédaignent pas de s'en servir quand elle leur est avantageuse. Quelle comédie ! Pour qui est sincère, y a-t-il jamais eu la moindre raison de repousser certains genres de preuve ? La vérité se fait jour par tous les moyens, non d'une certaine manière ; et nul n'a le droit de lui dire :

« Tu ne m'apparaîtras que sous la forme d'un jugement ou de tout autre acte authentique. Quand tu
brilleras différemment, j'obligerai le juge à fermer
les yeux de peur que ton éclat ne l'aveugle ; car il
ne saurait t'apercevoir que sur les filigranes d'un
papier timbré ! »

Et ce n'est pas seulement la preuve testimoniale,
c'est toute espèce de preuve que l'on interdit aujourd'hui aux particuliers. Il paraîtrait que la
preuve, quand il s'agit d'attaques à la réputation,
serait singulièrement dangereuse, contraire à nos
usages, difficile à faire ! S'il en est ainsi, notre loi
manque de logique ; car l'article 25 de la loi du
26 mai 1819 (1) réserve à l'auteur d'une imputation diffamatoire la faculté de dénoncer les faits
punissables selon la loi ; et, cette dénonciation une
fois formée, il est sursis à la poursuite du délit de
diffamation. Or, cette faculté s'applique à l'auteur
d'imputations ou allégations tant contre les fonctionnaires que contre les simples particuliers.
Qu'est-ce donc que ce privilège, si ce n'est l'introduction même, par voie détournée, de la preuve ?
Car, devant le tribunal, où les faits vont être jugés,
on ne manquera pas de faire usage de la preuve, même
de cette terrible, redoutable, horrifique preuve testimoniale !

La nécessité de la preuve est donc si puissante
qu'elle pousse notre législateur à se contredire lui-
même, et à reconnaître indirectement l'excellence

(1) Disposition reproduite par l'article 35 de la loi de 1881.

d'une chose qu'il a interdite comme nuisible et périlleuse.

La preuve serait nuisible? Mais, dans la plupart des cas, lorsqu'il s'agit d'attaques à la réputation, il suffira de laisser simplement les témoignages se produire pour que l'inanité des imputations, méchamment colportées, saute aux yeux. De toutes ces tempêtes, amassées au dehors par la rumeur publique contre un honnête homme, que restera-t-il à l'audience? Pas même un nuage. La déposition naïve et sincère d'un homme droit suffira pour crever ce ballon en baudruche, gonflé par le souffle empoisonné des médisants.

Telle est la vérité qui ressort avec évidence du témoignage du général Ney dans l'affaire Iung (1). « Il m'était en effet venu des bruits que j'avais re-« cueillis dans les cercles, dit-il au président qui « l'interroge, dans les salons, dans les salles d'ar-« mes, dans les casernes. Maintenant, je n'ai au-« cune preuve ; je ne peux en avoir aucune, et je « n'ai pas dit que j'en avais... Si j'avais su que je « parlais pour que mes paroles fussent reproduites, « je vous assure que je n'aurais rien dit du tout... »

Autre conséquence plus grave. En défendant aux particuliers le libre emploi de la preuve, le législateur porte atteinte à ce grand principe qui veut que chacun soit juge et gardien de son honneur. Dans le cas d'offense envers un citoyen, celui-ci seul a le droit d'exercer des poursuites ; n'est-ce pas le gêner

(1) Voir la Gazette des Tribunaux du 17 octobre 1880.

dans l'exercice de ce droit, que de lui refuser l'unique moyen d'obtenir une réparation suffisante? Quoi ! vous trouvez la preuve dangereuse et, sous ce prétexte, vous la refusez? Mais, c'est à la personne outragée d'y renoncer si elle la trouve compromettante ! (1) Parce que la calomnie vous semble difficile à combattre, vous ne permettrez de l'attaquer qu'avec les armes qui vous conviennent? Ainsi, un homme se trouve en face d'un monstre et, parce que sa main peut trembler, son œil mal viser, parce que le coup peut dévier, la balle s'aplatir impuissante, vous lui arracherez son fusil et le laisserez désarmé devant la bête féroce? C'est à lui pourtant, non à vous, de décider s'il doit se défendre ou se résigner à être dévoré !

(1) Dans le sein de la Commission du Sénat, lors de la discussion de la loi de 1881, M. Bozérian avait eu l'heureuse idée de proposer un amendement pour l'admission de la preuve, quand c'est le diffamé qui la réclame. La Commission repoussa l'amendement, en donnant pour raison que « si le diffamé renonçait à demander la preuve, il pouvait créer une présomption contre lui. » Notre législateur persiste, comme on le voit, à protéger l'homme qui a failli, avant de se préoccuper des intérêts de celui qui n'a jamais été coupable.

CINQUIÈME PARTIE

La Juridiction.

CHAPITRE Ier.

*Ce que vaut le duel comme tribunal du point
d'honneur.*

Le point d'honneur a varié suivant les qualités
que l'homme de chaque civilisation a prétendu faire
respecter. Tandis que les Spartiates regardaient la
frugalité comme une vertu, les Perses, du temps de
Darius, se faisaient gloire de boire avec excès et de
bien porter le vin. Chez les peuples barbares, la
force, l'adresse, l'impétuosité donnaient la considération ; chez les peuples civilisés, les qualités de
l'esprit sont préférées à celles du corps. Rien donc
de plus mobile, de plus variable que le point d'honneur, et souvent de moins honorable. C'est de lui
que Mme de Nemours disait, à propos des mœurs de
la cour : « J'ai remarqué une chose en ce pays-ci :
l'honneur y recroît comme les cheveux. » C'est de
lui encore que M. de Lévis disait : « L'honneur,
comme tout le reste, s'acquiert par l'imitation (1). »

(1) *Etudes morales*, par Valery; liv. II, chap. 15.

Avec le temps, avec les progrès réalisés dans les mœurs et dans la philosophie, l'honneur a perdu son caractère d'inconstance ; il s'est fixé sur une base sérieuse ; aujourd'hui il est toujours une qualité qui nous porte à faire des actions nobles et courageuses. C'est le sentiment du devoir accompli, le désir, justifié par des actes, de conserver la considération de soi-même et des autres. « L'homme social, dit très-bien M. de Lessac dans son livre *De l'esprit militaire*, a besoin de l'estime de ses semblables. C'est pour lui un bien de première nécessité ; le mépris en fait une créature misérable. De là est né le sentiment de l'honneur qui dirige au bien les actions humaines, par la crainte du mépris et le désir de l'estime. L'honneur est un supplément nécessaire à la loi, dont l'influence ne peut s'étendre sur toutes nos actions. Là où finit l'autorité des lois, l'empire de l'honneur commence. »

Eh bien, cette estime qui a pour origine une valeur morale éprouvée, comment l'honnête homme pourrait-t-il la préserver des atteintes de la malveillance ? Comment pourrait-il défendre sa réputation méchamment attaquée ? Par les mêmes moyens dont disposaient les peuples barbares, qui mettaient leur point d'honneur à être robuste ou à bien boire ! Comme chez les Germains, comme chez les Francs, l'insulté n'a encore d'autre ressource, pour obtenir satisfaction, que de provoquer son insulteur. Qu'on ne dise pas qu'il doit demander aide et assistance à la loi sur la diffamation. Cette loi, toute de *charité*, ne peut rendre d'utiles services qu'aux réputations justement compromises. Une loi qui n'admet pas la preuve, qui ne permet pas à l'offensé de démontrer la mauvaise foi de l'offensant, nous ramène fatalement au droit imprescriptible qui appartient à tout homme de se faire justice à soi-même, quand il ne se sent pas protégé par la loi.

Chez les Francs, nos ancêtres, le duel est né de l'absence de lois capables de défendre les individus. Sous le nom de *duel judiciaire*, il devint même une institution. Ce droit de recourir aux armes pour défendre son honneur, quand une loi protectrice fait défaut, est tellement indiqué par la nature des choses qu'Henri IV, dans son édit de 1609 contre les duels, ne put s'empêcher de reconnaître la légitimité des combats singuliers.

Aux époques où la législation contre les duels redoubla de rigueurs, quand ce droit fut méconnu, les gens outragés ne renoncèrent pas à l'exercer. Seulement, au lieu de se conformer aux règles qui président à la loyauté des rencontres, ils n'écoutèrent, pour se venger, que les conseils de la colère. Au duel régulier succéda le guet-apens. Jugée, non d'après son importance, mais selon le caractère de celui qui l'avait reçue, la même offense fut suivie tantôt de mort, tantôt d'une mutilation, tantôt d'une simple bastonnade.

Les exemples abondent; nous en citerons quelques-uns. Saint Maigrin, ayant insulté MM. de Guise et du Maine, dit Brantôme (1), « fut un soir estendu sur le pavé de la rue du Louvre, blessé à mort. » Il y eut progrès sous le règne de Louis XIV; les seigneurs de la cour ne se jetèrent plus, le soir, en grand nombre sur leur ennemi isolé. Ainsi, pour obtenir satisfaction d'une injure personnelle, le marquis de Vardes se contenta d'ordonner à ses laquais, qui s'étaient saisis de Mathieu Dubos, de couper le nez du pamphlétaire. Sous Louis XV, un poète, renommé pour sa méchanceté, Charles Roy, qui avait composé une épigramme mordante sur l'élection du comte de Clermont à l'Académie, fut simplement bâtonné par un nègre. Il est vrai que le nègre était robuste et qu'il eut le tort d'abuser un peu de sa force. « Roy, brisé de coups, raconte Palissot, ne se releva qu'à peine pour aller mourir chez lui après quelques jours de souffrance. »

Telle était la manière expéditive de se faire justice à soi-même sous l'ancien régime, quand le duel, rendu difficile, soit par suite de pénalités sévères, soit par suite de l'infériorité sociale de l'offensant, ne pouvait donner satisfaction à la personne outragée.

A cette époque, comme de nos jours, le duel, tout bien considéré, était certes un mal. A ce mal nous ne connaissons qu'un remède. Ce n'est pas le duel qu'il faut punir, mais l'outrage qui a rendu le duel nécessaire. Pourquoi la loi, qui sauvegarde avec tant de soin les intérêts matériels, ne ferait-elle rien pour

(1) *Discours sur les duels,* tome VI, p. 480 et suiv.

le règlement des intérêts moraux? Si elle daignait
étendre sa sollicitude jusqu'aux affaires d'honneur,
le nombre des duels se bornerait bientôt aux rencontres jugées absolument inévitables. Mais, comme
elle n'a rien fait jusqu'ici pour protéger efficacement
la réputation des honnêtes gens, elle ne saurait,
sans abus, leur interdire le seul et pitoyable moyen
qui leur reste pour avoir satisfaction d'une offense.
Son rôle devrait être celui d'un témoin, surveillant
de loin les combattants pour s'assurer si la lutte
s'est passée dans les conditions de loyauté voulues.

Quand la loi n'offre aucune réparation suffisante
à l'offensé, celui-ci, en recourant au duel, ne viole
pas le pacte qui nous oblige à chercher, dans la
force publique, la répression des maux qui sont nés
de la violence particulière. Le duel, dans ce cas,
n'est pas seulement excusable; il devient légitime,
il se transforme, pour ainsi dire, en une sorte de
juridiction, barbare si l'on veut, mais la seule cependant à laquelle l'homme d'honneur outragé puisse
demander justice.

Tel est l'usage. Il a ses inconvénients; mais il
offre aussi des avantages. Cette perspective d'un
combat oblige les hommes à une courtoisie relative
de langage dans leurs rapports quotidiens. D'intolérables outrages se commettraient tous les jours s'il
n'y avait pas, partout où se trouve un homme de
cœur, une justice appréciative de ces cas, justice
qui se lève tout à coup, en face de l'insolent ou du
calomniateur, une épée ou un pistolet à la main.

Cette justice cependant n'est qu'un pis aller, et nous en signalerons, pour que la loi y remédie, le vice radical.

Nous n'insisterons pas ici sur ce que l'on condamne généralement dans l'usage du duel. Le duel peut en effet être déloyal, donner la mort à l'innocent et la victoire au coupable, dépasser de beaucoup la réparation à laquelle l'offensé a droit et laisser des remords cruels à celui qui sort vainqueur de la lutte (1). Tous ces inconvénients, qui sautent aux yeux, sont du domaine du lieu commun. Or, ce que nous voulons faire ressortir, ce sont les dangers du duel considéré comme moyen d'obtenir justice. Car on ne se bat pas seulement par haine, par forfanterie, par légèreté ; on se bat surtout, lorsque le duel a des motifs sérieux, sinon dans le secret espoir de démontrer, les armes à la main, la bonté de sa cause, au moins pour essayer de faire œuvre de justicier en tirant vengeance d'une offense, dont on ne saurait avoir satisfaction autrement. Un préjugé, qui a ses racines dans le droit barbare, érige ainsi, en quelque sorte, le combat en preuve judiciaire. Voyons donc cette sorte de tribunal à l'œuvre, et examinons les énormités de sa procédure.

Le premier, le plus impérieux devoir d'un tribunal, c'est évidemment l'obligation de maintenir le grand principe de l'égalité devant la justice. Or

---

(1) A la suite d'un duel, dans lequel il blessa grièvement son adversaire, vers 1740, de Voisenon éprouva un vif repentir et reçut l'ordination sacerdotale.

le duel, considéré comme juridiction, établit entre les citoyens des différences telles que ses justiciables sont réduits à un petit nombre d'élus, choisis par l'usage le plus capricieux. La même opinion, qui ne veut pas qu'un homme d'un certain rang aille sur le terrain avec un homme de basse condition, permettra à un honnête homme de croiser le fer avec un drôle élégant. Un noble refusera quelquefois de se battre avec un simple bourgeois, et celui-ci, de son côté, s'il se trouve insulté par un de ses inférieurs, ne pourra, sous peine d'être ridicule, provoquer un adversaire que le préjugé ne regarde pas comme digne de lui. On voit d'ici jusqu'où peut aller ce système d'exclusions, si offensant d'ailleurs pour tant de braves gens, à qui une infériorité de fortune ou de position interdit l'usage des affaires d'honneur.

Ce monstrueux déni de justice donnera lieu d'ailleurs à une plus monstrueuse iniquité, qui se retournera cruellement contre ceux-là mêmes que le préjugé a la prétention de garantir. Car ces catégories d'indignes, auxquels le duel est interdit, ne seront plus retenus, dans l'exercice de leurs petites méchancetés ou de leurs basses vengeances, par la perspective d'un danger à courir. Le plaisir de diffamer et de calomnier deviendra leur vice favori. Economes de leur courage, ils seront gens d'honneur pour outrager, et déclassés pour rendre raison !

Ainsi, de par la logique des préjugés, nous allons arriver à ce résultat que le duel, qui était la dernière ressource de l'homme calomnié, ne pourra plus servir qu'à une certaine classe de privilégiés. Cette absurde situation aura encore le tort d'avilir le plus grand nombre, au lieu de l'élever peu à peu, par la pratique du respect de la réputation chez les autres, au sentiment de sa propre dignité.

Cette inégalité révoltante n'existait pas à l'origine de notre ancien droit. Du temps de Charlemagne, par exemple, le combat judiciaire n'excluait personne de la lice. Il était permis au maître de se battre contre son serf, ou en personne, ou par champion.

Nous ne demandons pas à un préjugé de se corriger en empruntant son perfectionnement à un autre préjugé. Le législateur n'a pas à réformer l'opinion que les modernes se font du duel ; son devoir serait de le rendre, sinon impossible, au moins plus rare, en assurant efficacement la répression des injures et des calomnies.

Le tribunal du point d'honneur a donc le premier tort de n'admettre à sa barre qu'une classe privilégiée de justiciables.

En lavant l'insulte dans le sang, comme le dit la formule, ses décisions auront-elles au moins le mérite de rendre hommage à la vérité ? En sortant vainqueur du combat, l'offensé pourra-t-il se vanter d'avoir terrassé la calomnie ? Nullement ; il lui aura même donné des forces. « La réputation d'un honnête homme, dit très bien M. Emile Augier (1),

(1) *Les Effrontés*, acte 1er, scène 14.

ressemble à celle d'une honnête femme ; on la compromet en se battant pour elle. » Comme un procès
en diffamation, le duel ne prouve rien. Grâce à la
publicité, qui le suivra toujours, il n'aura guère
pour résultat que d'augmenter le scandale. Les
commentaires iront leur train, les indiscrétions
lèveront un coin du voile, assez pour que le public
se croie le droit de juger, trop peu pour que l'opinion soit éclairée.

Mais où le duel est tout à fait absurde, c'est lorsqu'il intervient comme dernier mot d'une polémique
entre écrivains et journalistes. Voyez-vous d'ici un
coup d'épée chargé de trancher la question en sus-
pens ? Cette énorme sottise a cependant des antécédents historiques.

Ennuyé des hésitations des docteurs qui ne s'ac-
cordaient pas sur un point de jurisprudence, Othon Ier,
empereur d'Allemagne, ordonna le combat entre
champions qui représentaient les deux avis ; et la
victoire décida sans appel que les enfants partage-
raient avec leurs oncles la succession de leur aïeul,
pour la part qui serait échue à leur père s'il eût
vécu (2) ! De même, chez les Germains, quand des
difficultés s'élevaient à l'occasion d'un héritage, les
parties raisonnaient à coups d'épée ou de bâton,
suivant la condition des plaideurs.

Nos journalistes, qui ferraillent à propos d'un
article, se croiraient-ils moins ridicules ? Il faut bien

(2) *Traité des Combats singuliers*, par le P. Gerdil, 1re partie, chap. IV.

cependant qu'ils se résignent à confesser leur folie ; car cette prétention de se faire le champion d'une idée peut seule justifier leur rencontre et lui donner quelque relief. S'ils n'ont pour but que de tirer vengeance d'un mot offensant, leur défi manquera d'intérêt ; et le combat, qui le suivra, ne prouvera d'ailleurs en aucune façon que l'injure n'était pas méritée. Encore moins seront-ils excusables s'ils n'ont eu, en allant sur le terrain, que le désir d'attirer l'attention, de se ménager une réclame. Faire du bruit, occuper le public de sa personne, tel est trop souvent le mobile qui pousse beaucoup d'écrivains ou d'hommes politiques à croiser le fer. On en a même vu refuser le défi d'un honnête homme, parce qu'il était obscur. A ces poseurs, en quête de célébrité, il importe d'offrir un adversaire de grand renom !

Le législateur n'a pas à se préoccuper du duel-réclame des charlatans de lettres. Quant aux journalistes sérieux, dont la polémique est honorable, au lieu d'accepter un combat absurde, ne pourraient-ils pas faire un plus noble usage de leur courage en réagissant énergiquement contre la tyrannie d'un préjugé. Ou l'on se trouve en face d'un contradicteur loyal auquel on ne peut reprocher que des vivacités de plume, ou l'on se trouve en face d'un Basile qui ne calomnie un adversaire que pour en discréditer la doctrine. Dans le premir cas, dans l'hypothèse où il y aurait sincérité des deux côtés, ce serait avoir peu de force d'âme que de ne pas savoir reconnaître ses torts. Dans l'autre cas, ce serait donner peut-être au mensonge l'occasion d'un triomphe et, infailliblement, compromettre un honnête homme en le mettant sur un pied d'égalité avec un drôle dont la mauvaise foi devrait être jugée par les tribunaux.

Au point de vue de l'ordre public, le duel présente un autre danger. Lorsqu'une accusation est portée contre un fonctionnaire par exemple, il importe que la lumière soit faite, encore plus dans l'intérêt de la société que dans celui de la personne soupçonnée. Or, ne peut-il pas arriver qu'un concussionnaire audacieux, bien posé dans le monde, ne préfère un duel, qui ne prouverait rien, à un procès qui ne laisserait planer aucun doute sur ses actes d'indélicatesse ? En portant la question sur un autre terrain que l'arène judiciaire, le coupable jouirait sûrement des bénéfices de l'impunité. Après le duel, l'honneur serait déclaré satisfait; devant un tribunal, les dessous honteux d'un effronté apparaîtraient à tous les yeux.

On a bien essayé quelquefois d'établir un jury d'honneur pour empêcher les abus du duel; mais ce genre de tribunal, outre ses autres défauts, aura toujours le tort de ne pouvoir imposer sa juridiction à tout le monde. Son impuissance est d'ailleurs démontrée surabondamment par la timidité de ses verdicts. Que de soins prennent ces braves jurés pour ne pas froisser les justiciables qui les ont choisis ! Avec quel art ils adoucissent les termes de leurs décisions, de manière à contenter tout le monde, sauf le public ! Tandis que celui-ci se demande quel est le calomniateur, quel est le calomnié, le jury de bonne volonté dit à l'un des adversaires : « vous n'avez pas tout à fait tort, » et à l'autre : « vous n'avez pas tout à fait raison. »

Si encore chacun des plaideurs s'en allait en paix avec son écaille. Mais, après tant de bruit pour rien, voilà le tapage qui recommence. Un proverbe dit qu'on a vingt-quatre heures pour maudire ses juges ; au contraire, ces enragés justiciables du jury d'honneur se croient autorisés à recommencer vingt fois le procès après le jugement. L'opinion publique n'en est pas plus éclairée, mais assourdie ! Quant à la vérité, elle attend et attendra toujours, tant qu'on n'aura pas substitué une juridiction sérieuse à un tribunal dont les jugements n'ont pas de sanction.

Car c'est là le dernier reproche et le plus caractéristique que l'on puisse adresser aux jurys choisis par les deux parties. Même en admettant qu'ils aient assez de vigueur pour jeter résolûment un homme à la mer, celui-ci cherchera toujours à sauver du naufrage quelque épave de son honneur. Sous prétexte de rendre la chose plus claire, il noircira des rames de papier, écrira des mémoires pour critiquer le jugement et incriminer les juges. Un tribunal qui se sent ainsi désarmé ne peut faire que de mauvaise besogne. Pour qu'il fût respecté, il faudrait que ses décisions eussent force de loi.

Il est donc bien établi que le duel ne prouve rien

et que les jurys d'honneur ne blanchissent personne. Les décisions de ces sortes de tribunaux ne peuvent être acceptées que comme un pis aller, en attendant que le législateur veuille bien se donner la peine de protéger sérieusement la réputation des honnêtes gens. Ce vœu ne date pas d'aujourd'hui. Dès la fin du XVIIIe siècle, le chevalier Gaetano Filangieri, dans sa *Science de la Législation*, regrettait que tout citoyen calomnié n'eût pas le droit d'appeler en jugement l'auteur de la calomnie et de le faire condamner, s'il échouait dans la preuve, à des peines afflictives et infamantes. L'auteur italien avait raison. Le public, prévenu contre un honnête homme par d'odieux mensonges, ne saurait être détrompé que par un jugement rendu en bonne forme, à la suite de témoignages décisifs. Mais à quel tribunal s'adresser, et quelle serait l'organisation de cette juridiction exceptionnelle ? Avant de répondre, nous allons demander conseil à l'ancien droit, ce vieux droit qu'on trouve barbare et qui se montre souvent plus humain que nos législations érudites, par cela seul qu'il est plus rapproché des sources de l'équité.

CHAPITRE II

Coup d'œil sur l'ancien droit. — Les Maréchaux de France. — Les Traités sur le duel.

Lorsqu'un peuple regarde la réputation comme le bien le plus digne d'être défendu par la loi, on peut d'avance être certain que l'usage du duel y est inconnu. Tels étaient les Grecs, qui n'ont jamais eu l'idée, pour effacer la honte d'un affront, de s'exposer à périr sous les coups de celui dont on l'a reçu. Et, cependant, qui oserait mettre en doute le courage de Thémistocle et de ses compatriotes? Cette patience des Grecs à supporter une insulte tenait évidemment à la certitude qu'ils avaient d'en obtenir une juste réparation par des voies légales. Chez eux les affaires d'honneur étaient appelées devant une juridiction particulière, le tribunal des Thesmothètes, composé de six des neuf archontes que l'on élisait tous les ans à Athènes (1).

(1) « Il n'en était pas ainsi du temps de nos ancêtres, disait Isocrate dans son *Discours sur l'échange*. Ils honoraient ceux auxquels nous donnons le nom de sages, et

Aux époques barbares de notre droit, la loi, reconnaissant son insuffisance pour protéger les particuliers, autorisait ceux-ci à se faire justice eux-mêmes. Mais, plus tard, quand la législation cessa d'admettre les *jugements de Dieu* ou *plaids de l'épée* (1), personne ne tint compte des édits et ordonnances qui défendaient, sous des peines sévères, les combats singuliers. Et cela devait être. L'usage se montre plus logique que la loi, qui n'avait pas vu que le seul moyen de prévenir des rencontres sanglantes consisterait à punir, non le duel, mais les attentats qui y conduisent. De cette persécution naquit même un faux point d'honneur qui augmenta le nombre et la fureur des duels. Comme au fond de beaucoup de querelles il n'y a qu'un vain désir de se créer une réputation de bravoure, on mit sa gloire non-seulement à risquer sa vie contre un adversaire,

enviaient le sort de leurs disciples, tandis qu'ils regardaient les calomniateurs comme la cause des plus grands maux. Ce qui le prouve, c'est le soin qu'ils prirent de choisir, pour régler leur république, Solon, le premier de nos citoyens qui ait reçu le nom de sage, et l'attention qu'ils eurent d'établir des lois plus sévères contre les calomniateurs que contre les autres coupables. C'est dans les tribunaux ordinaires qu'ils jugeaient les délits les plus graves : c'est devant les Thesmothètes, devant le sénat ou devant le peuple, qu'ils voulaient que la calomnie fût citée, convaincus que les calomniateurs de profession sont les plus pervers des hommes. »

(1) Le dernier duel autorisé publiquement eut lieu en 1547, entre les sieurs de Jarnac et de la Chataigneraie.

mais encore à mépriser la mort que l'on pouvait, en sortant d'une rencontre, recevoir de la main du bourreau.

Les victimes de cette mode sanglante furent assez nombreuses pour porter un grave préjudice aux forces de l'Etat. Suivant une statistique de M. de Loménie, depuis l'avènement d'Henri IV jusqu'en 1607, quatre mille gentilshommes auraient trouvé la mort dans ces rencontres. Sous le règne de Louis XIV, « selon le calcul du P. Théophile Raynaud,
« le nombre de ceux que le duel enleva en trente
« années alloit au point qu'on auroit pu en former
« une armée considérable (1). »

Pour remédier à cet abus, qui menaçait de lui enlever ses meilleurs officiers, Henri IV émit le premier l'idée, dans son édit de 1602 contre les duels, d'attribuer au Connétable et aux Maréchaux de France le pouvoir de défendre les voies de fait et de prononcer sur la réparation des injures. Telle fut l'origine du *Tribunal des Maréchaux* auquel on réserva exclusivement, jusqu'à la Révolution, la connaissance des affaires d'honneur entre gentilshommes ou officiers.

Par ses édits contre les duels Louis XIV compléta sagement l'œuvre d'Henri IV en ordonnant que la réparation fût proportionnée à l'injure. Les Maréchaux de France secondèrent ses vues par des règlements.

(1) *Traité des Combats singuliers*, par le P. Gerdil, p. 260.

Il se forma ainsi, par l'usage, une jurisprudence qui fit loi. Vers la fin du xviiie siècle, en 1784, le nombre de ces règlements se trouva assez considérable pour qu'il fût possible d'en former une sorte de code en deux volumes (1). Mais cette règle n'était pas absolument obligatoire ; les membres du Tribunal des Maréchaux, continuant à apprécier les affaires sans lois écrites, ne décidaient la plupart du temps que d'après les inspirations de leur conscience. Il y eut même cela de particulier que certains crimes ou délits ne figurèrent jamais dans leurs règlements. Telle était la calomnie.

« On pourrait être surpris qu'il n'y soit fait nulle
« part mention de la peine contre les calomnia-
« teurs, dit M. de Beaufort dans son Recueil (t. Ier,
« p. 75) ; on ne peut en donner d'autre raison, si
« ce n'est que la calomnie est elle-même un délit si
« vil, si bas, si contraire à tous les sentiments
« d'honneur, que MM. les Maréchaux de France n'ont
« pas dû imaginer qu'ils puissent jamais être dans
« le cas de le punir dans la personne d'un de leurs
« justiciables. On peut opposer, en second lieu, que
« la peine pour ce genre d'offense dépendant plus
« qu'aucun autre des circonstances, on a dû le laisser
« à l'arbitrage de MM. les Maréchaux de France,
« avec d'autant plus de raison que, par une préro-
« gative extraordinaire, ils peuvent prononcer des

(1) *Recueil concernant le Tribunal de Nos seigneurs les Maréchaux de France*, par M. de Beaufort. Paris, 1784 ; 2 in-8°.

« peines plus sévères que celles prescrites par les
« règlements. »

Ce passage nous les montre donc armés du précieux privilége de pouvoir modifier la peine suivant les circonstances ; ce qui leur permettait de poursuivre des crimes ou délits qu'on aurait pu croire insaisissables.

Les Maréchaux avaient encore une autre prérogative, plus importante peut-être, et dont la suppression nous paraît infiniment regrettable. Leur mission ne se bornait pas à punir les auteurs d'une violence condamnable. Ils se proposaient surtout d'empêcher les querelles de s'envenimer, et quelquefois même s'efforçaient de les prévenir.

« Leur tribunal avait à Paris une garde, dite *de la connétablie*, chargée d'exécuter ses ordres. Dès qu'un officier ou un simple garde de la connétablie était averti qu'une provocation avait eu lieu, il s'assurait des deux adversaires et les faisait comparaître devant le tribunal, qui prescrivait à l'agresseur des réparations capables de satisfaire l'offensé, et exigeait de tous deux leur parole d'honneur qu'ils ne donneraient point suite à l'affaire (1). »

En un mot, dès qu'une contestation s'élevait entre gentilshommes, le Tribunal des Maréchaux pouvait, *par provision*, afin d'empêcher les voies de fait, interdire aux deux parties l'usage du droit qu'elles

(1) Molière : *le Misanthrope*, acte II, scène VII, note de l'édition d'Auger.

réclamaient, avant qu'il n'eût été statué sur le fond du débat par les juges compétents.

Intervenir comme pacificateur entre deux épées qui vont s'entre-croiser, obliger deux adversaires à se respecter en attendant les décisions de la justice, laisser tomber des paroles d'apaisement sur deux amour-propres qui s'enflamment, étouffer le mal dès sa naissance, prévenir plutôt que de punir, tel était le rôle du Tribunal du point d'honneur. Avec de pareilles attributions il semble qu'il aurait dû exercer sur les mœurs de la nation une influence capitale, souverainement heureuse. Mais il avait été frappé d'impuissance dès le début par les vices mêmes de son origine. Ce n'était pas, en effet, dans l'intérêt de la morale et de la paix publique que les rois de France avaient voulu qu'on réglementât si soigneusement les questions du point d'honneur. L'édit, donné à Versailles au mois de décembre 1704, contient l'aveu non dissimulé des véritables motifs qui les ont portés à prévenir les querelles et combats singuliers. « Nous avons confirmé dès les premières années de notre règne des lois si pieuses et si nécessaires pour la *conservation* de la noblesse de notre royaume, *qui en fait la principale force...* »

C'était donc dans un but dynastique que l'institution des Maréchaux de France s'était peu à peu développée sous l'œil jaloux du pouvoir. Celui-ci ne veillait avec tant de sollicitude à la sécurité des gentilshommes que pour arrêter la fureur des duels, qui avait porté de graves préjudices au recrutement des cadres de l'armée. Aussi le Tribunal du Point d'honneur ne pouvait-il connaître que des contestations qui s'élevaient entre gentilshommes ou entre militaires. Il n'y eut d'exception à cette règle que pour les secrétaires du roi, comme dans l'affaire entre M. le duc de Chaulnes et le sieur de Beaumarchais.

Cette condition était même si rigoureuse qu'il ne suffisait pas que l'une des deux parties fût justiciable du tribunal pour rendre celui-ci compétent. Ainsi Molière, indignement maltraité par le duc de La Feuillade, ne put obtenir devant les maréchaux réparation de l'injure qui lui avait été faite publiquement. On connaît l'anecdote : « Le duc de La Feuillade, peu familier avec la polémique, dit Taschereau dans son *Histoire de la vie de Molière*, se laissa aller à la fureur la plus brutale. On le désignait généralement dans le monde comme l'original du marquis de *la Critique*, qui n'a pour tout argument contre *l'Ecole des Femmes*, que son éternel *Tarte à la Crème*. Il passait effectivement pour n'avoir pu en trouver d'autre contre une personne qui défendait la pièce contre lui. Furieux de la raillerie qu'il s'était attirée, notre personnage, voyant un jour Molière traverser une des galeries de Versailles, l'aborda avec les démonstrations d'un homme qui voulait l'embrasser. C'était alors une sorte de politesse que les gens de cour prodiguaient aux personnes qu'ils connaissaient le moins. Celui-ci se fiant maladroitement à l'expression riante de la figure du courtisan, s'incline. Dans ce moment, le duc de La Feuillade lui saisit la tête des deux mains et la frotte contre les boutons de son habit, en répétant : *Tarte à la crème ! Tarte à la crème !* »

Molière dut silencieusement dévorer l'affront ; et nous ne saurions le plaindre, car il ne traitait guère mieux lui-même ses inférieurs. « Un jour que Provençal (son domestique), chaussait obstinément son maître à l'envers, il recevait un coup de pied qui l'étendait par terre ; ce maître *étoit l'homme du monde qui se fesoit le plus servir ; il falloit l'habiller comme un grand seigneur, et il n'auroit pas arrangé les plis de sa cravate ; une fenêtre ouverte ou fermée un moment devant qu'il l'eût ordonné le mettait en convulsion ; il étoit petit dans ces occasions* (1).

C'est ainsi que les plus regrettables violences naissent de l'injustice et de l'inégalité des conditions. L'histoire de l'ancien régime est remplie de ces aventures, qui nous montrent les privilégiés de toute classe abusant de la situation que leur a faite une condition sociale due au hasard de la naissance, ou au prestige du talent. Ses institutions les plus utiles, ses réformes les plus heureuses sont toutes entachées d'une partialité et d'un favoritisme qui en paralysent les meilleurs ressorts. L'idée peut être grande, mais l'application en est étroite. Le législateur n'a pas encore le sens de la justice pour tous ; c'est pourquoi

(1) *Molière, l'homme et le comédien* par Gustave Larroumet. *Revue des Deux-Mondes*, tome 77, p. 813.

son œuvre ne devait pas être respectée par la Révolution, qui se fit au nom du principe de l'égalité.

Avec beaucoup d'autres institutions, qui reposaient sur des priviléges de naissance, le Tribunal des Maréchaux de France disparut dans la nuit du 4 août 1789.

Mais l'honneur n'était pas seulement ce ressort politique des monarchies dont parle Montesquieu. Il avait des racines vivaces au cœur même de la nation ; il formait comme le fond de notre caractère social. Et ce sentiment, qui donnait de la dignité aux plus humbles, conserva ses traditions dans l'âme des hommes d'élite. Au milieu des ruines, dans le changement rapide des mœurs, il demeura seul invariable et indestructible. S'il n'avait plus de lois écrites, il se transmettait de générations en générations ; et, gravé dans les consciences, il servait de code aux arbitres, volontairement choisis par les parties pour juger les différends, qui les amenaient sur le terrain les armes à la main.

Tout eût été pour le mieux, si ce nouveau tribunal du point d'honneur, institué par l'opinion, avait eu le bon esprit, en augmentant le nombre de ses justiciables, d'appeler indistinctement à sa barre nobles et roturiers. Malheureusement, parmi ces derniers, il a cru devoir établir encore des classes et faire des choix, qui lui semblaient imposés tant par l'usage que par la crainte du ridicule.

Il a été admis d'abord par la plupart des traités, qui s'occupent de réglementer les affaires d'honneur, qu'en principe, on ne doit pas permettre le duel à un jeune homme de moins de vingt-un ans. On s'accorde de même à reconnaître qu'à soixante ans l'homme a passé l'âge des combats, et qu'il doit cesser d'aller sur le terrain (1). N'est-ce pas le cas de rappeler cette épigramme de Millevoye :

> Cléanthe, prudent personnage,
> Elude et prétend qu'à son âge
> Un cartel n'est plus de saison.
> Econome de son courage,
> Il est jeune pour faire outrage,
> Il est vieux pour faire raison.

Ainsi, de par les règles généralement acceptées, jusqu'à vingt-un ans et après soixante ans, on peut faire les plus graves offenses : diffamer, calomnier même, sans être justiciable de ce nouveau tribunal du point d'honneur.

Un autre grand principe, qu'on ne saurait d'ailleurs trop approuver, c'est qu'on n'est tenu d'aller sur le terrain qu'avec un homme d'honneur. « On a parfaitement le droit, écrit M. Tavernier, de se livrer à une enquête sur le degré d'honorabilité d'un inconnu qui vient vous provoquer. Aussi bien, le meilleur *criterium*, en l'espèce, est le choix même des témoins faits par lui. S'il est représenté par des hommes connus, dont la réputation ne laisse rien à désirer, l'enquête est superflue, ceux-ci couvrant leur client de leur honorabilité. »

Tout cela est bien pensé. Mais il est une classe très

______

(1). *L'Art du Duel*, par Adolphe Tavernier, p. 175.

nombreuse — la plus nombreuse certainement — de gens parfaitement honorables au point de vue de la probité et de la conduite, dont il n'est dit un traître mot, ni dans le traité de M. Tavernier, ni dans les ouvrages de tous ceux qui ont prétendu codifier les règles en matière de rencontres. Nous voulons parler de cette foule d'ouvriers et d'artisans qui vivent d'un travail manuel, ou de petits commerçants qui qui n'ont pas encore pris rang parmi les hauts patentés. Par une singulière contradiction entre nos mœurs et les principes d'égalité, que nous professons en théorie, un homme politique, qui accepte volontiers le suffrage d'un de ces humbles, ne pourrait lui demander réparation d'une offense par les armes sans se couvrir de ridicule. Qu'un député, par exemple, soit insulté par son bottier dans une assemblée électorale, il est certain qu'il ne trouverait pas un seul témoin sortable pour l'assister dans un combat condamné à l'avance par les usages. Et cependant ce même représentant n'éprouverait aucune répulsion à s'aligner sur le terrain avec un journaliste sans vergogne, qui paie son déjeuner avec une diffamation et son dîner avec une calomnie. Toute la différence consiste en ceci que l'artisan honnête tient un outil, tandis que le folliculaire indigne tient une plume. La logique des préjugés n'en demande pas davantage !

Nous voilà donc encore, après la Révolution, après tant d'abus supprimés, aux prises avec un des priviléges les plus difficiles à déraciner, parce qu'il est implanté dans nos mœurs nationales et défendu par la peur du ridicule. C'est pourtant un de ceux qui, dans une société démocratique, offrent les plus sérieux dangers, tant au point de vue de la dignité individuelle qu'au point de vue de nos libertés politiques.

Entre gens dits du monde, le duel, à côté de ses inconvénients, a du moins cet avantage que, par la perspective d'un combat possible, il oblige les esprits les moins délicats à une courtoisie relative de langage. L'habitude de tout régler par les armes rend plus chatouilleux sur le point d'honneur, contraint les plus irascibles à se modérer, et enseigne le respect de soi-même en apprenant à tenir compte de la dignité des autres.

De là vient que cet usage du duel, accepté seulement entre gens d'éducation parmi les civils, a été imposé à tout le monde au régiment. Dès qu'il y a eu des gros mots d'échangés entre deux soldats, la rencontre devient obligatoire. Les chefs conduisent les plus peureux sur le terrain et les forcent à se donner mutuellement, les armes à la main, une leçon de politesse.

Il est regrettable que cet enseignement ne puisse se prolonger en dehors de la caserne. Mais, rentré dans la vie ordinaire, l'ancien soldat y retrouvera ses mauvaises habitudes. Entre gens de sa classe il recommencera, comme autrefois, à répondre par des injures aux invectives grossières. Quant aux personnes que l'éducation ou la position sociale placent au-dessus de lui, il cherchera à leur nuire par des propos calomnieux. Et voyez ce singulier retour des choses d'ici bas ! Il arrivera que ce qui semblait un privilége pour les personnes d'éducation deviendra pour elles, dans bien des cas, une sorte d'infériorité. Cruellement outragées par ces humbles, que l'usage leur interdit de provoquer, elles se verront souvent désarmées en face d'adversaires qui peuvent les atteindre impunément dans leur honneur.

De tout temps cette situation a été absurde ; mais elle s'est étrangement aggravée depuis l'application du suffrage universel. Tous ces petits, que le préjugé du point d'honneur ne permet pas d'appeler sur le terrain, sont cependant autorisés, dans une autre arène, à discuter des hommes qui ne les croient pas dignes de croiser le fer avec eux. Et cependant, quoi de plus périlleux pour l'honneur qu'une discussion politique, où la violence des attaques semble être excusée à l'avance par les ardeurs de la lutte électorale ? Qu'on se figure la réputation d'un citoyen exposée aux furieux assauts des partis. Au milieu des tempêtes, qui surgissent dans les réunions publiques, quelle voix aura assez de force pour jeter son *quos ego* au flot populaire soulevé contre un candidat qui déplaît ? Qu'est-ce qui modèrera les passions de cette foule houleuse ? Qu'est-ce qui l'empêchera de calomnier ? La crainte d'une réparation par les armes ? Mais, la plupart des assistants ne sont pas justiciables du tribunal du point d'honneur !

Voilà donc bien démontrée la nécessité de créer

une nouvelle juridiction qui serait chargée, comme
le tribunal des Thesmothètes à Athènes, comme les
Maréchaux de France sous l'ancien régime, de juger,
suivant les règles de l'équité, toutes les atteintes
graves portées à la réputation. Devant elle compa-
raîtraient, non plus quelques classes de privilégiés,
mais tous ceux qui par la parole, écrite ou verbale,
auraient injurié, diffamé ou calomnié.

CHAPITRE III

Ce que pourrait être un Tribunal d'honneur ou d'équité.

« L'honneur des particuliers et des hommes publics n'a jamais été moins assuré de respect que de nos jours, dit M. Emile Beaussire, dans un remarquable article intitulé : *La Protection légale de l'Honneur.* (1) La licence de la presse est sans bornes, malgré les restrictions légales dont elle supporte encore l'apparence, et les nouvelles mœurs qu'elle a créées, chez les écrivains et dans le public, favorisent encore ses excès. Devant la publicité effrénée des insultes et des scandales de tout genre, les effrontés affectent le dédain, en alléguant qu'ils ne trouveraient nulle part, pour leur honneur outragé, une réparation efficace. Beaucoup recourent au duel, dont la pratique, peu meurtrière d'ailleurs, s'est tellement multipliée dans certains milieux, qu'il a perdu toute signification. Quelques-uns se font justice eux-mêmes, presque toujours impunément. Les plus honnêtes et

(1) *Revue des Deux-Mondes*, du 1ᵉʳ décembre 1887.

les plus fiers se dérobent aux devoirs publics, pour éviter les occasions de mettre leur honneur en péril. La société perd le respect d'elle-même, en s'habituant à ne rien respecter dans aucun de ses membres. Nul sujet n'appelle, avec plus d'urgence, les réflexions des bons citoyens. »

Comme principal remède au mal qu'il signale, et que les faux libéraux essaieraient volontiers de guérir en supprimant le malade : c'est-à-dire la liberté de la presse, M. Emile Beaussire propose l'institution d'un jury spécial qui serait une extension légitime des juridictions disciplinaires, contre lesquelles nul ne songe à protester au nom du droit commun.

Mais devrait-on, comme semble l'indiquer l'éminent publiciste, procéder à la constitution d'un jury d'honneur, soit par le choix des parties, soit par voie de tirage au sort, toutes les fois qu'il y aurait un différend à régler entre un offenseur et un offensé ? Un tel tribunal, se renouvelant à tout instant, suivant les circonstances, aurait-il l'autorité qui s'attache à une juridiction permanente ? Nous ne le pensons pas. Pour qu'un jugement soit accepté avec respect, il faut qu'il émane d'un tribunal qui ait le double prestige de la durée et de l'origine.

On ne manquera pas alors de nous objecter qu'il suffirait de modifier les lois existantes et de les faire appliquer, sans recourir à de nouvelles juridictions, par nos tribunaux ordinaires.

Dans l'intérêt même de la magistrature, il est fort à souhaiter au contraire qu'on ne lui confie plus la périlleuse besogne de se prononcer dans les affaires de presse. Quoi qu'elle fasse, si impartiale qu'elle se montre, elle sera toujours soupçonnée, par cela seul qu'elle dépend du pouvoir qui la nomme, ou lui donne de l'avancement. Quand un juge devient suspect, quelle valeur morale peuvent avoir ses jugements ?

Il est d'ailleurs une autre raison qui milite contre l'emploi des magistrats dans les questions où les règles de l'équité doivent l'emporter sur les principes du droit pur. Institués pour conserver à la loi son caractère d'immutabilité, ces dévots interprètes des traditions juridiques ne sont que trop enclins à considérer le Code comme un évangile. Hors des textes, qu'ils appliquent d'ailleurs à merveille, pour eux il n'est point de salut. Leur religieux respect va si loin qu'ils s'indignent contre toute critique, ou toute aspiration à une réforme. Et la preuve, c'est que la plupart des innovations, en matière d'instruction criminelle, se sont faites en dehors d'eux, et souvent malgré eux, par l'initiative de philosophes ou de simples gens de lettres. Rompus aux procédures compliquées, ils sont excellents pour les affaires civiles. Mais il faut tout redouter de leur myopie professionnelle dans les procès où le regard doit, passant par-dessus des textes examinés à la loupe, pénétrer jusqu'au fond des consciences pour y découvrir les mystérieux mobiles des passions humaines. Il semble que, chez eux, les impressions vives se soient usées au contact des rouages judiciaires. Ils n'ont plus de ressort pour bondir sous l'insulte, et, tandis que le plaignant arrive à l'audience, encore tout ému de l'outrage, ils l'accueillent avec la froideur du sceptique et le renvoient souvent plus humilié de la réparation que de l'offense. (1)

Le jury, tel qu'il est constitué aujourd'hui, ne nous paraît pas offrir non plus le modèle dont la loi devrait s'inspirer pour l'organisation de tribunaux d'honneur ou d'équité.

Disons tout d'abord qu'il ne présentera pas de garanties suffisantes d'indépendance, tant que les juges de paix, appelés à présider les commissions chargées de dresser la liste des jurés, se laisseront influencer, comme cela s'est vu plus d'une fois, par les circulaires de quelque président de tribunal.

Le second reproche que nous ferons au jury, c'est de n'être pas toujours assez éclairé. Certes, des hommes illettrés peuvent avoir la certitude de bon sens et les qualités morales qui sont nécessaires pour apprécier sainement la plupart des causes criminelles. Mais, quel ne sera pas leur embarras, pour ne pas dire leur impuissance, lorsqu'ils auront à

---

(1) Un exemple. Dans l'audience du 7 novembre 1876, la 8e Chambre correctionnelle de la Seine avait à juger un journaliste prévenu d'avoir porté atteinte à la réputation d'un marchand. Le Tribunal, dans ses considérants, reconnaît que le plaignant « a été désigné *faussement* comme étant l'auteur du vol d'un porte-monnaie contenant 540 fr. » Il croyait donc avoir à punir, non plus un simple diffamateur, mais un *calomniateur*. Quelle peine trouve-t-il à appliquer ? 16 fr. d'amende !

débrouiller le sens d'attaques, perfidement obscures, où le calomniateur s'enveloppe des apparences de la bonne foi pour lancer impunément son trait empoisonné ? Sous de telles subtilités de langage, on ne saisirait le mensonge qu'avec des lettrés, connaissant toutes les ressources que la rhétorique diffamatoire met à la disposition des coquins qui font métier de noircir les réputations.

S'il faut écarter les magistrats et les jurés, comment recruter les membres d'un tribunal d'honneur de manière à les investir d'une autorité incontestable ? La réponse sera facile lorsque nous aurons bien compris qu'en toute affaire, et particulièrement dans les causes qui intéressent la réputation, le rôle du juge se ramène essentiellement à l'arbitrage. Si le plaideur malheureux a, suivant un dicton populaire, vingt-quatre heures pour maudire ses juges, et s'il lui arrive souvent de dépasser cette limite, son irritation ne saurait nous étonner, puisqu'elle provient de la défiance que lui inspirent les magistrats dont on lui impose la sentence.

Ces magistrats ont été investis en effet de leurs fonctions par le pouvoir exécutif, et c'est d'après une fiction légale qu'ils sont censés désignés par les parties. Eh bien, que cette fiction cesse et devienne une réalité ; que le choix de la collectivité, c'est-à-dire l'élection, comme deux parties qui procèdent à l'amiable et d'un commun accord, constitue les arbitres chargés de juger les questions d'honneur. Nul alors n'aurait le droit de se révolter contre les décisions d'un tribunal dont les justiciables auraient consacré l'autorité par leur propre vote.

Nous n'ignorons pas les reproches qu'on a l'habitude de faire au système électif ; nous savons tout ce qu'on peut avoir à redouter des répulsions ou des engouements du suffrage. Mais il n'y a rien de parfait en ce monde ; et ce qu'il y a de mieux, c'est, comme le veut un adage de bon sens, de choisir entre deux maux le moindre. Si d'ailleurs on se défie des caprices des comices, si l'on craint que les électeurs n'aient pas toujours la capacité qu'il faudrait pour apprécier sûrement la valeur des candidats, croit-on qu'un ministre de la justice, assailli de demandes et souvent mal renseigné, soit impartial ou infaillible ? Le suffrage a d'ailleurs fait ses preuves, et nous ne pensons pas que les justiciables des tribunaux de commerce, ou des conseils de prud'hommes, aient eu à se plaindre des arbitres qu'ils ont librement chargés du soin de régler leurs différends.

La nomination des tribunaux d'honneur par l'élection aurait du moins cet inappréciable avantage de permettre aux justiciables de juger leurs juges et de corriger eux-mêmes, aux époques de renouvellement, les erreurs qu'ils auraient commises une première fois. « En rendant les juges perpétuels, a dit excellemment Duport, ne risquez-vous pas d'affaiblir en eux le sentiment même de la justice ? Ce qui constitue la moralité entre les hommes, c'est l'égalité de leurs rapports et la réciprocité de leurs actions. Le motif qui nous rend justes envers les autres, c'est surtout le besoin et le désir qu'ils soient justes envers nous. »

Le principe de l'élection une fois admis, quelle serait la composition d'un tribunal d'équité ou jury d'honneur, l'étendue de sa juridiction, le lieu et le nombre de ses sessions? Nous n'avons pas à répondre pour le moment à ces questions. Que le jury d'honneur ait plus ou moins de jurés, qu'il siège seulement au chef-lieu du département, ou qu'on préfère en établir un dans chaque arrondissement, peu importe. Ce qu'il nous faut indiquer, avant tout, c'est l'importance des attributions que l'on devrait conférer au président de ce tribunal, et à celui de ses membres qui remplirait les fonctions de ministère public.

Comme nous l'avons déjà dit, c'est au ministère public qu'incombe le devoir de protéger les particuliers contre les entreprises ténébreuses des malfaiteurs de la presse; ce serait à lui de faire le dépouillement des publications qui seraient imprimées dans le ressort du tribunal, pour y rechercher les traces de délits, ou de crimes, portant atteinte à l'honneur des citoyens. Nous n'avons pas à revenir sur le caractère de cette innovation, dont nous avons déjà démontré la nécessité en mainte partie de cet ouvrage (1). Mais nous insisterons particulièrement sur les services que pourrait rendre le président entre les sessions du jury d'équité.

La loi ne devrait pas être toujours une abstraction froide, insensible. Il est temps qu'elle devienne,

____

(1) Notamment dans le chapitre IV de la deuxième partie.

surtout dans les affaires d'honneur, une sorte de personnalité qui compatirait aux douleurs imméritées. Car le plus grand supplice peut-être de celui qui se sent calomnié, c'est le silence auquel le condamne la nature même du mal dont il souffre. Se défiant de tout et de tous, il ne sait où trouver l'oreille amie qui recevrait ses confidences. Il se tait, et les tortures morales qu'il subit le conduisent quelquefois à ces cas de folie, que signalent certains traités de médecine (1), ou à ce genre de suicide dont la cause est dite *inconnue*, suivant la formule des rédacteurs de faits divers.

Ces victimes de la méchanceté, poursuivies la plupart du temps par la haine d'ennemis invisibles, ne trouveraient-elles pas un appui naturel et précieux auprès du président du tribunal d'honneur? Au lieu de rester exposées aux conseils, souvent meurtriers, du désespoir, elles se sentiraient soutenues et, par cela même, vaillantes; car pour celui qui souffre, physiquement ou moralement, c'est être, déjà soulagé que de pouvoir se plaindre. Et elles arriveraient ainsi sans défaillance jusqu'à la réhabilitation, qu'elles attendent du jugement qui éclairerait l'opinion.

Les décisions d'un tel tribunal ne devraient pas en effet se borner à frapper un coupable. Par des motifs, rédigés avec soin et qui fouilleraient dans tous les coins de la cause, elles devraient surtout

(1) *Traité des Maladies mentales*, par le docteur R. Morel; pages 229 et suivantes.

déterminer jusqu'à quel point l'offensé est en droit de demander réparation. Car, dans ces sortes d'affaires, lorsqu'il s'agit d'attaques à la réputation, ce qui intéresse le plus la société, c'est de pouvoir préciser exactement quelle atteinte a été portée à l'honorabilité d'un de ses membres. Le plaignant se trouve-t-il en face d'un calomniateur, ou seulement d'un diffamateur? Est-il sorti des débats tout-à-fait *pur*, comme on disait au temps des *épreuves par le fer chaud*, ou a-t-il laissé quelques lambeaux de son honneur dans l'arène où s'est livré le combat judiciaire? Et, dans le cas même où le passé du diffamé ne serait pas sans reproches, dans quelle mesure l'opinion devrait-elle faire ses réserves, tant pour l'absoudre que pour flétrir son diffamateur?

La réforme que nous demandons est tellement urgente qu'elle a été déjà tentée par des jurés qui espéraient se justifier des rigueurs d'un verdict, que les nécessités d'une loi mal faite avaient imposé à leur conscience (1). Cette initiative, prise par quelques citoyens exceptionnellement courageux, était bonne à signaler, et nous souhaitons que le législateur s'en inspire pour la transformer en règle

(1) Cour d'assises d'Alger, audience du 13 décembre 1886. — « Le président du jury remet, aussitôt après le verdict, une lettre signée de tous les jurés, dans laquelle ils déclarent qu'à leur avis l'honorabilité de M. de R*** ne saurait être ébranlée par le verdict qu'ils ont été obligés de rendre, les faits, quoique prouvés, remontant à une époque où M. de R*** pouvait avoir l'âge pour excuse. » *Gazette des Tribunaux*, du 26 décembre 1886.

générale, applicable aux jugements qui émaneraient des Tribunaux d'honneur.

De telles juridictions n'auraient pas seulement l'avantage de protéger efficacement la réputation des honnêtes gens. Par leur fonctionnement régulier, par l'influence qu'elles exerceraient peu à peu sur les mœurs, elles permettraient à l'opinion de flétrir sûrement les actes coupables qui échappent à la répression du code pénal.

Aujourd'hui, qu'un procès scandaleux éclate, suivi d'un acquittement plus scandaleux encore, on s'indigne, puis on reste stupéfait quand, après avoir soupçonné les juges, on apprend que tout le mal vient des lacunes inévitables de la loi. Et alors, tous demandent qu'on légifère, et qu'on introduise un délit nouveau dans les espèces déjà prévues par nos codes ! Mais qui ne voit que demain il faudra compléter ce qu'on croyait avoir achevé hier, et qu'il en sera ainsi tant qu'il se présentera une nouvelle manière d'abuser malhonnêtement de la confiance d'autrui ?

Jamais on n'arrivera à frapper d'une peine matérielle toutes les défaillances morales qui révoltent la conscience. C'est à l'opinion publique de les condamner. Mais, pour qu'elle poursuive les effrontés d'un mépris justifié, il faut que l'opinion soit éclairée. Et elle ne le sera que par une bonne loi contre la calomnie. Gardons encore, par charité, les dispositions de la loi sur la diffamation, en tant qu'elles ouvrent une porte au repentir. Seulement, que la lu-

16

mière soit faite, complète, implacable, autour des habiles qui tournent les lois répressives. Et ce châtiment suffira.

Qu'on le sache bien toutefois, l'heure de l'expiation ne viendra pour eux, que lorsqu'ils ne profiteront plus des demi-jours équivoques de notre législation. S'ils osent relever la tête et s'ils parviennent à faire de nouvelles dupes, c'est qu'ils ont pour complice l'ombre, qui forme un nuage d'incertitude autour des réputations.

Avec nos haines publiques et nos rancunes privées, avec nos préventions de classes et nos préjugés, surtout avec l'impunité qui résulte de l'absence de toute loi contre la calomnie, il arrive aujourd'hui que l'opinion affolée hésite à poursuivre quelqu'un de son mépris, ne sachant si elle a affaire à un coupable ou à une victime de la méchanceté. Et cette réserve, qui assure le triomphe des cyniques, ne mérite pas cependant d'être blâmée. Peut-être même devrait-on la considérer comme un acte de prudence, puisque nous nous trouvons dans un état social si trouble, que les personnes dont on dit le plus de mal sont quelquefois celles dont il faudrait penser le plus de bien.

FIN

TABLE

————

PREMIÈRE PARTIE

*Insuffisance et danger de la loi sur la diffamation. —
Nécessité d'introduire dans nos Codes une action en
calomnie.*

DEUXIÈME PARTIE

La loi sur la presse ne devrait être qu'un chapitre d'une loi contre la calomnie.

TROISIÈME PARTIE

Caractères distinctifs de la calomnie. Peines qui pourraient lui être appliquées.

QUATRIÈME PARTIE

La preuve.

CINQUIÈME PARTIE

La juridiction.

Falaise, typ. L. REGNAULT-TROLONGE.

www.ingramcontent.com/pod-product-compliance
Ingram Content Group UK Ltd.
Pitfield, Milton Keynes, MK11 3LW, UK
UKHW022327090726
13658UKWH00001B/120